控 Control 制
your desire
for Control

张晨 著

你的控制欲

写给父母的一封信

百花洲文艺出版社
BAIHUAZHOU LITERATURE AND ART PRESS

图书在版编目（ＣＩＰ）数据

控制你的控制欲：写给父母的一封信 / 张晨著.
南昌：百花洲文艺出版社, 2025.5. -- ISBN 978-7
-5500-5915-3

Ⅰ. G780

中国国家版本馆CIP数据核字第20253ZX307号

控制你的控制欲：写给父母的一封信
KONGZHI NI DE KONGZHIYU：XIE GEI FUMU DE YI FENG XIN

张　晨　著

出 版 人	陈　波
总 策 划	张　越
责任编辑	张诗思
书籍设计	书心瞬意
出版发行	百花洲文艺出版社
社　　址	南昌市红谷滩区世贸路898号博能中心一期A座20楼
邮　　编	330038
经　　销	全国新华书店
印　　刷	山东博雅彩印有限公司
开　　本	710mm×1000mm　1/16　印张：10
实际尺寸	170mm×240mm
版　　次	2025年5月第1版
印　　次	2025年5月第1次印刷
字　　数	123千字
书　　号	978-7-5500-5915-3
定　　价	59.80元

赣版权登字 05-2025-110

邮购联系　0791-86895108

网址hp://wwwbhzwy.com

图书若有印装错误，影响阅读，可与承印厂联系调换。

前 言

如果要问中国式父母较为普遍的一条特征是什么，答案一定是"有一种冷叫你妈认为你冷"。小时候在控制型父母的控制下成长的人，为人父母之后，也容易成长为新一代控制型父母，长此以往，代代相传，或许控制的方向不同、力度不同，但控制欲一定是相同的。

为什么会这样呢？

有人一定会说：我只是想让孩子更好地成长，我从没想过要掌控什么，这绝非我本意。

也有人会强词夺理：小孩子懂什么呢？我这不是控制，只是在管教。不管不成才，不教不懂事。

管教和控制、掌控有天壤之别，本质不同、程度不同，对孩子的影响自然不同。

好的管教，可以刺激孩子的内驱力，让他激发自身的原动力，对外界保持良好的好奇心和探究欲，也可以让孩子懂得为人处世的规则和道理。

而控制和掌控只会让孩子失去作为人的尊严、安全感和责任心，变成父母手中的提线木偶，"三观"全都被父母所影响，心中所想和心中所愿永远无法跨越父母定下的标准。作为父母，你愿意给孩子提供最好的生活条件，为什么不愿意给他们提供开放而自由的成长沃土呢？

　　或许你只是没有注意到，自己在不知不觉中就成为控制型父母，或是在不知不觉中成为其他控制型人格的傀儡。但只要有心有力，觉醒和改变永远都不会迟到。

　　改变自己爱别人的方式吧，让爱真正变成有温度的沃土，让家真正变成温暖的港湾。

　　改变对爱的错误认知吧，让自己的人生变得松弛，让生活的氛围变得轻松有趣。

　　改变不良的相处方式吧，让爱人、亲人、友人都获得应有的边界和尊重。

目录

○—— **第一篇　控制欲的本质是什么?**

①手握细沙，越用力越失去 / 2

②正确认识控制欲 / 7

③测试一下，你的控制欲达到第几级 / 11

④越强调什么，越怕失去什么 / 17

⑤控制的背后，是极度不自信 / 21

⑥任何关系，都不该是掌控和被掌控 / 26

○—— **第二篇　你究竟能控制什么?**

①每个人，只能掌控自己，而不能掌控他人 / 32

②做情绪的主人，而不做情绪的奴隶 / 36

③控制事态的走向，而不是所有细节 / 41

④做爱孩子的父母，而不是掌控孩子的父母 / 45

⑤尊重孩子的选择，反省自己的错误 / 50

⑥放开你的手，让他自己走 / 55

第三篇　用放手的方式让孩子学会独立

①我都是为了你好！ / 61

②别再说"不听老人言，吃亏在眼前" / 65

③与其对孩子说"学学人家"，不如鞭策自己 / 69

④为什么你总是要求孩子懂事呢？ / 73

⑤当孩子懂得反驳你时，你应该高兴啊 / 77

⑥你以为的激将法，只会把孩子推得更远 / 81

第四篇　用轻松的心态化解孩子的不安

①孩子控制不住大哭大闹，你会忍不住大吼大叫吗？ / 86

②孩子故意拖延时间，你要怎么应对？ / 89

③孩子故意出洋相，你会控制不住责骂他吗？ / 93

④孩子沉迷电子游戏，你会忍不住拍桌子吗？ / 96

⑤孩子在公共场合捣乱，你要怎么管？ / 99

⑥孩子说脏话，你会不会同样大骂？ / 102

⑦孩子不愿意学习，你该怎么管？ / 104

⑧孩子拒绝交流，你该如何打开局面？ / 107

第五篇　生活需要松弛感

①每个人都只想更好地生活，无论父母还是孩子 / 112

②孩子不是父母的一切，父母也不是孩子的一切 / 116

③停止内耗，不为尚不可知的未来而焦虑 / 120

④降低期待，他的未来他做主 / 124

⑤多鼓励，用父母的手托起孩子 / 128

第六篇　你有没有被无形控制?

①不要过分在意他人的评价 / 134

②再亲密的关系，也需要留有边界感 / 139

③即便辜负别人的期待，也无须太过愧疚 / 143

④不要惧怕道德大棒，就不会被道德绑架 / 147

⑤生而为人，以己为重 / 150

第一篇

控制欲的本质是什么？

1 手握细沙，越用力越失去

完全被控制的结局，不是走向疯狂，就是步入毁灭

风靡一时的电视剧《重案六组》中有这样一则恶劣的案件：一对夫妻在家中惨死，和父母吵了一架离开家门的儿子回到家后报了警……但经过调查之后发现，真正的凶手就是这对夫妻的儿子。办案警官很吃惊也很气愤，问他为什么要这样做。男孩面目狰狞地说："我活得太憋屈了！他们看管我像看管犯人一样！你们能忍受每天放学回家，还没进门就要先接受父母翻书包、翻衣兜吗？他们每天只会让我好好学习，参加高考，根本就没把我当个人！"

在后来的走访中，办案警官才逐渐了解到：这个男孩是一个非常懂礼貌的好孩子，但父母看管得太严格了，从小就不让他和其他同龄人接触，导致孩子上学后也无法融进集体。刚上中学，父母就开始要求儿子必须考上好大学。第一次高考结束，他的分数达到了普通一本的录取线，但达不到父母预设的理想大学的录取线，在父母的要求下，男孩只

好去复读。一次又一次，他的高考分数离理想大学的录取线越来越远，父母对他的管教也越来越严格。

这起悲剧的起源是，男孩现在已经二十出头了，在复读班里，他对一个活泼开朗的女孩产生了朦胧的好感，就邀请女孩去家里做客，结果被父母赶了出来……男孩错误地认为，只有杀死父母才能彻底脱离他们的掌控。

另一则真实发生的案例同样惨烈：上海某高校里一个成绩优异的女研究生在宿舍里自杀了，逼她走上绝路的是病态控制狂母亲。在她很小的时候，父亲就过世了，家里只剩下母亲、女孩和弟弟相依为命。母亲天天挂在嘴边的话就是："我一个人拉扯你们姐弟俩不容易，你们必须听我的话，好好学习，我下半辈子就靠你们了。"高考时，女孩想报考大连某所高校的海洋科学专业，但遭到了母亲的强烈反对。母亲认为，女孩去外地上大学，就是想要抛弃母亲和弟弟，所以规定她只能报考本地大学，而且必须报考经济学专业。在母亲的眼里，经济学就代表着赚大钱，至于女孩的志向是什么，根本不重要。女孩实在拗不过母亲，只好听从了她的安排，进入本地大学学习经济学。

上大学之后，母亲还是想要控制女孩，但女孩在大学住校，母亲心有余而力不足。转折发生在女孩上大三的时候。那一年，弟弟也考入大学，开始了住校生活。母亲觉得，两个孩子都住校了，自己就不需要再租房子了，跟着弟弟住不方便，就要求住进女孩的宿舍。女孩开口反驳，母亲就骂她"长大了，翅膀硬了，不要妈了"。最终，无奈的女孩只好同意了。但这件事引起了其他室友的不满，她们找到女孩，想让她把母亲送出去。然而，母亲在搬进来之前就已经找过学校，哭诉自己家有多困难，为了供两个孩子上学有多辛苦，自己一个人，平时还要在外面打零工，想和女儿同住，找个落脚的地方。校领导知道女孩家里的情况，就给予了方便。其他室友看赶不走女孩的母亲，所以平时对女孩没什么好脸色。女孩知道自己理亏，只好一边承受着母亲的操控，一边承受着同学的指责。她心想：再坚持一两年，工作后就好了。

即将毕业之前，女孩的导师鼓励她去报考上海某高校的研究生，女孩很争气，成功被那所高校录取。然而，摆在她面前的第一个阻碍，就是母亲。女孩说什么也不想再和母亲同住在学校宿舍里，母亲还是老一套说法"翅膀硬了，不要妈了"，但这一次，女孩瞒着母亲独自去上海办理入学手续。

然而，当她刚入学没几天，母亲竟然拎着行李跟到了上海，要强行住进女孩的宿舍……看到母亲坚定的目光，女孩的内心只有无尽的绝望。她错误地认为，想要摆脱母亲的掌控，只有结束自己的生命。

被操控的傀儡，还能真正长大吗？

心理学家李雪说："一个身体只能承受一个灵魂，如果父母的控制密不透风，孩子实际上已经精神死亡。"这句话说得很直白，如果父母的控制欲太强，让孩子始终活在他们的掌控中，那孩子就变成了父母的傀儡。时间久了，或者遭遇打击，孩子只会选择走向毁灭的道路，也许就如同电视剧里的男孩一样选择报复父母，或者像那个女研究生一样选择自尽。无论哪一种结局，都是悲剧，因为父母控制欲过强所造成的悲剧。

很多人会认为，这是心理学家在危言耸听和夸大其词，控制欲怎么可能会有如此大的危害呢? 诚然，不是每一个被控制的人都会选择这样极端的方式，但那些被掌控的孩子大概率会成为什么样的人呢?

第一种，人格不健全。一个不到十岁的孩童在回答问题之前说"我要去问问我妈妈"，你会觉得，这个小孩子真懂事，还知道征求家长的意见。如果这种情况发生在一个已经成年，甚至已经成家立业的人身上，你还会觉得他懂事吗? 当然不会! 大到人生抉择，小到生活琐事，被掌控惯了的人永远都没有主见，他们每天的生活就是按部就班地遵从别人设计好的路线，一旦偏离路线，他们自己都会觉得"天要塌了"。如果你的孩子长成了这样，作为父母，你是否还认为，孩子只要听你的话就好呢?

第二种，心理不健康。被掌控的人没有自己的主见，遇到事情自然就会变得消极和悲观，这是因为在被掌控的道路上，他一定提出过反对，但没有得到别人的认可，甚至被强势打压，久而久之，他怎么还能积极主动呢? 过分悲观和消极的人，找不到自己的生活乐趣，找不到自己的人生意义，活在世上，只是为了完成掌控者的心愿。作为父母，你是否还认为，你是为了他好呢?

第三种，生活不独立。对于任何一个成年人来说，独立生活是一项基本技能，但对于那些被掌控惯了的人而言，独立生活难于上青天。他们不知道应该如何解决生活的琐事，甚至不知道该吃什么、穿什么，毫无章法。作为父母，你无法永远陪在孩子身边，如果有一天，他必须要独立了，你是否能放心呢?

第四种，不懂得爱的真谛。被掌控的人只会习惯性地延续一种生活，在他心里，爱一个人就是要掌控一个人，或者听从一个人的掌控，这种认知，无论是在社交场合还是在亲密关系中，都是不健康的。他容易成为朋友或伴侣的附庸；然而在自己的孩子面前，他又成为掌控者，继续采用父母对自己的掌控模式试图控制他人的人生。这些真的是父母希望的吗？

写给父母的一封信

在生活中，每个人几乎都做过这样一个动作：蹲在地上，用手捧起一把细沙，如果你只是小心翼翼地捧着它，细沙只会随着抖动落下少许；如果你用手攥紧它，随着你用力，细沙就会顺着指缝滑落，越漏越多。

控制欲就如同你的双手，沙子就是被你掌控的对象。这里所说的，并不仅限于你的孩子，也包括其他人。因为控制欲过强的人，对父母、对伴侣、对朋友的态度都是比较强势的。区别在于，父母、伴侣和朋友同样是成年人，他们有能力处理问题；孩子却不同，孩子的"三观"尚未形成，生活琐事也需要父母帮助打理，他们会成为控制欲的直接承受者，并且无路可逃。

想象一下那幅画面，手心里的沙子变成你疼爱的孩子，最值得你小心呵护的人被你用力攥紧，你是不是就能理解控制欲对于他人的伤害了呢？那你还敢过分用力吗？

2 正确认识控制欲

我们常常能听到"控制欲"这个词语，很多儿童心理学、两性关系学的专家也常常会提及"控制欲"在人际关系中所产生的危害。想要避免这种危害，我们必须先正确认识它。

何谓控制欲？控制欲是一个心理学术语，是指一个人对一件事、一个人、一段关系的绝对支配，不允许发生意外，更不允许被反抗，一旦发生超出心理预期的事情或趋势，就会感到愤怒、暴躁和不安。

每个人的内心都会有一定的控制欲。比如，我们养了一只狗，会在小狗成长的阶段管教它，不允许它无缘无故地狂吠以避免影响四邻，不允许它在家里排泄，不允许它因护食而产生攻击性，等等。这些行为就是一种控制，是必需的，是为了培养宠物养成正确的行为。但如果小狗因为和其他同类肆意玩耍的时候，没有立刻听从主人的命令，主人就特别气愤，甚至情绪失控到用棍棒殴打小狗，这就是极端的控制欲，不分青红皂白，只因为违背自己的意愿就开始情绪失控。

如何掌握控制的度，就成为认识它的关键。

控制欲的本质，是病态的掌控

有些家长会心生疑问："难道我不需要管教和约束孩子吗？什么程度的管教和约束会被当成控制欲呢？"

管教也好，约束也罢，都是有针对性的，针对的是明显错误的行为。小孩子肯定会犯错误，但他们也有基本的是非观，如果只是针对错误行为的教育，帮助他们认识到错误行为的危害，这种管教便不算控制。

控制欲则想掌控一切，这是病态的行为。即便对方没有犯错误，只是没有遵从控制者的意愿，也会引起控制者的不快。

举个很简单的例子：天气转凉了，一个母亲让孩子穿上秋裤，孩子不愿意，觉得不好看，母亲教育一番后，孩子认识到天凉要注意保暖，只好穿了秋裤；另一个母亲则是每天早上都把孩子的衣服摆好，孩子如果提出异议，她就大发雷霆，最终孩子被迫穿了那一身衣服，但他心里根本不知道为什么要这么穿。前一个母亲的教育让孩子认识到"根据天气变化增减衣物"，往大了说是培养孩子的自理能力，往小了说是给孩子讲事实摆道理；后一个母亲只是一味地输出情绪，她在意的是孩子穿什么衣服吗？不，她在意的只有孩子竟然顶撞她了。于是乎，她开始不断说"你不听我的早晚得吃亏""你都是我生的，还敢顶撞我"，这些话语根本就无法达到有效沟通的目的。孩子最终穿上衣服不是因为懂得了道理，而是想赶紧结束这无休止的指责。

对于控制的度的把控，有两个要素：一个要看对方是否能接受，另一个要看控制的出发点是什么。不可否认，管教的确带有一定程度的限制,但管教的方式是可以调整的,采用让对方更舒服的方式进行,可以事半功倍。控制和管教也有一个很鲜明的区别,就是出发点。父母很多时候总是把"都是为了你好"挂在嘴边,但承受者也会有自己的思考,是真的为了他好,还是父母只想控制他,他是能分辨的。

掌控自己叫自律,控制他人真窒息

控制是一种能力,除了能针对他人,也能针对自己。在互联网上有一些生活博主,他们每天过着非常规律的生活,固定的时间起床、健身、学习、吃饭、休息,每天发布的视频都是录制前一天的生活,再经过剪辑呈现出来的。他们偶尔也会向网友"请假",或是因为家里有事,或是为了放松心情,网友还会和博主分享自己喜欢的景点、娱乐方式。这些博主对生活作息的控制是十分精确的,但他们张弛有度,所以网友不会对这种控制欲感到不适,甚至会因此而受到鼓舞,认为博主是自己的偶像,也会跟着学。很多人都希望自己能自律,能做生活的掌控者。当然,这需要掌握控制的度,如果过分自控,甚至产生病态的心理,自律也就变成了病态的控制欲。

如果把角色转换一下,把自控换成父母的要求呢?试想一下这样的场景:每天早上,母亲把孩子叫醒,对他说:"到起床的时间了,你只有五分钟,赶紧去洗漱。"然后把他推到饭桌前,给他端上来早餐,催促他赶紧吃饭。当时针指向七点,母亲立刻催促他去学习,告诉他今天的学习计划,告诉他必须做完多少习题、看完几章内容。到了中午,母亲催促他赶紧吃完午饭睡半个小时午觉,下午还有什么学习任务……等他好不容易结束了一天的学习，想放松一下的时候，母亲告诉他，要锻炼身体，去外面跑跑步，然后洗澡睡觉。别说执行了，是不是听起来就觉得很让人窒息？在现实生活里，这样的父母太常见了。

"控制"一词，本身就带着很强烈的强迫性。控制自己的作息、掌控自己的人生，听起来充满正能量、很励志，但从本质上来说，对抗人的惰性和抵抗外界的诱惑，还是需要强大的自制力和意志力。与此同时，人控制自己，也会带来强烈的成就感和满足感，以此来抵消控制本身的强制色彩。

如果控制的对象发生转变，会变成什么样呢？简单来说，需要依靠意志力和自制力去对抗惰性、抵抗诱惑的是承受者，但获得成就感和满足感的是掌控者。这种割裂就造成承受者内心极度压抑、窒息，想要反抗又无力反抗。时间久了，控制自然会对承受者的心理方面造成难以抹平的损伤，并且会持续影响他的人生。

写给父母的一封信

任何事情都应该有度，过犹不及。

做父母的，不能把管教当作控制欲的遮羞布，自以为只有你的控制才能让孩子不走歪路，才能让孩子成才。

在你想要管教孩子的时候，多想想自己小时候被父母控制、管教的时候，心里想的是什么。相信没有人在小时候面对父母无孔不入的管教时，能够心平气和地认为父母是为了自己好吧。

3 测试一下，你的控制欲达到第几级

控制欲分等级吗？当然！

轻度的控制欲，最常见的表现是唠叨。通过在孩子耳边不断唠叨而达到控制的目的，是很多老一辈的父母都喜欢用的方式。但这种唠叨会随着孩子的成长逐渐失去作用，只要孩子坚持主见，把唠叨当作耳旁风，控制者也就作罢了。

中度的控制欲，最常见的表现是替子女做决定。控制者不会征求对方的意见，也不在意对方是否愿意，就先斩后奏。这样一来，被控制者想要反抗，却因为木已成舟而没有反抗的余地，会因此感到无助。

重度的控制欲，最常见的表现是事无巨细地掌控。大到人生抉择，小到日常生活，控制者似乎无孔不入，像是一个看不见的网，牢牢控制别人。被控制者表达不满，想要反抗，控制者会表现出"我静静地看着你表演"的疏离感，从而让被控制者产生无力感，最终选择放弃沟通。

以上三种控制欲会让被控制者不适，但控制者的情绪还能自控，只是通过不断蚕食的方式让被控制者放弃反抗。

极端的控制欲，最常见的表现是带有偏执型的情绪反应。一旦自己的决定被反抗就情绪失控，或是发脾气，或是自残。面对这样失去自控的人，被控制者已经不敢再反抗，也不敢再表达出自己的真实想法。

用具体的场景来评测等级

控制者并不认为自己是个控制欲"爆棚"的人，那我们不妨用日常生活的场景来测试一下。

场景一：孩子过生日，你把孩子带到商场让他挑选礼物，孩子挑选了一个玩具，但你原本想送给他一套图书。这种情况下你会怎么做？

A. 虽然觉得玩具很无用，但孩子喜欢就买下。

B. 不断说服孩子换一个礼物，直到换成图书。

C. 直接换成图书，告诉孩子就选这个。

D. 突然间觉得孩子很不懂事，说了一些气话，最终什么都没买成。

场景二：同样是孩子过生日，孩子说想邀请小伙伴来家里做客，你想了想，觉得可以邀请甲、乙、丙、丁几个伙伴，但孩子觉得还是邀请赵、钱、孙、李比较好。这种情况下你会怎么做？

A. 虽然觉得赵、钱、孙、李比较调皮，邀请回家可能会比较辛苦，但想到孩子每年只过一次生日，还是让孩子来决定吧。

B. 拼命说赵、钱、孙、李来家里做客的弊端，说妈妈太辛苦，让孩子邀请甲、乙、丙、丁吧，他们比较安静懂事。

C. 唉声叹气，抱怨孩子不懂事、增加父母的负担，开始变得焦虑，想通过这种方式让孩子主动放弃。

D. 直接否定，指责孩子不懂事，将孩子最近犯的错误拿出来再指责一遍，并且说话很难听。

场景三：孩子上学后，学校提议让孩子选择一项课外活动，孩子想去学跳舞，但你觉得跳舞对学习没帮助，想让孩子选择英语兴趣小组。这种情况下你会怎么做?

A. 既然孩子强调喜欢跳舞，就先让孩子尝试，自己决定是否要坚持这项爱好。

B. 不断重复"跳舞很辛苦，跳舞需要拉筋、需要节食，你肯定坚持不下去"，让孩子主动放弃。

C. 粗暴地打断孩子，并告诉他，父母不会给他支付学习舞蹈的费用，必须去学习英语。

D. 面对孩子的坚持，突然"暴走"，指责孩子不听父母的话、不懂事，让孩子必须按照自己的选择去做。

场景四：过节时，家里亲戚都聚在一起，你对大家说，孩子最近在英语兴趣小组里开始演英语话剧了，还是莎士比亚的名著。亲戚们很捧场，让孩子出来表演一下。但孩子正在和同龄人玩耍，不愿意当众表演。这种情况下你会怎么做?

A. 赶紧替孩子解围，说还是让他们同龄人一起玩，以后有机会登场时，录下视频给亲戚们分享。

B. 觉得孩子有些不给大家面子，就时不时催促孩子赶紧给大家展示，先不要玩了。

C. 把孩子叫过来，双手用力地抓一下孩子的胳膊，然后让他赶紧给大家展示，认真一点。

D. 大声斥责孩子："怎么就知道玩？好不容易学了点东西，还不赶紧过来给长辈们表演一下，越大越不听话！"即便其他亲戚尴尬地出言阻止，你也觉得火气上涌，不达目的不罢休。

场景五：孩子高考结束后，想要填报外省的高校，但那所学校离家得有几千公里。这种情况下你会怎么做？

A. 和孩子一起理性讨论，客观地分析几所高校的利弊，然后让孩子做选择。

B. 不断和孩子说，离家太远了，家里不能再照顾他了，一人在外面多辛苦，还是留在老家这边上学，家里还能有个照应。

C. 不管孩子的意愿，直接替孩子填报志愿表，孩子伤心的时候，再去安慰他，说留在老家上学多好。

D. 十分愤怒，觉得孩子要逃离，指责他："长大了，翅膀硬了，就想不管爸妈了，早知道这样，还不如当初就不生你了，爸妈也能出去潇洒。"逼迫孩子填报老家的学校。

场景六：放暑假时，孩子要和同学出去玩，打算晚一点回来，征求你的同意。这种情况下你会怎么做？

A. 询问孩子和谁去、去哪里、几点回来。确定孩子行程明确且安全，就同意了，并且在孩子外出时几乎不打扰，只是在临近约定的回家时间前问一下孩子玩得怎么样，用不用家长开车去接。

B. 仔细盘问孩子和谁去，和这些人是什么关系，有没有异性，和异性朋友到底是什么关系。然后再抨击孩子不好好学习，天天就知道跑出去玩。

C. 仔细盘问孩子要去哪里，为什么不和父母一起去，努力说服孩子还是等父母有时间一起去，和同学出门不安全。

D. 告诉孩子，父母已经把暑假里的每一天都安排好了，每一天都有任务，不能有差池，所以不许去。

控制，是从外到内，愈加严重

这几个场景，你是不是很熟悉？那作为父母的你，又是如何应对的呢？六个场景中，所有人都知道 A 选项是理性的父母，但真正能做到的又有几个？

简单地分析一下六个场景中的控制，不难发现，它们都具有典型性。

场景一对应的是孩子的选择和父母的预期不符。理性的父母能够正确看待孩子的主见，并尊重他；轻度控制欲的父母会不断阐述自己的认知，并且希望用这种方式让孩子接受；中度和重度控制欲的父母会直接按照自己的意愿做决定，区别在于一个能注意到孩子的情绪，而另一个不能；极端控制欲的父母会觉得"天要塌了，孩子竟然不听父母的话"，然后采用各种他能想到的方式，逼迫孩子认同自己，不光结果要顺从，就连思想也必须顺从。

场景二对应的是干涉孩子的情感。理性的父母能够正确看待孩子在交友上的自主权，只要对方没有重大人品问题，就不会按照自己的喜好横加阻拦；轻度控制欲的父母会让孩子考虑家长的感受，希望借此让孩子按照自己的意愿去交友；中度和重度控制欲的父母会因为孩子的主见和坚持而产生焦虑，只不过程度有所不同；极端控制欲的父母则会直接

"暴走"，甚至失去理性。

场景三对应的是面对孩子的坚持。理性的父母会讲道理，若孩子还是坚持就干脆让他自己去面对；轻度控制欲的父母希望通过苦口婆心的劝说让孩子别再坚持；中度和重度控制欲的父母则会用自认为正确的方式处理孩子的坚持，但目的都是让孩子认可自己；极端控制欲的父母则将孩子的坚持当作洪水猛兽，粗暴地逼迫孩子放弃坚持。

场景四对应的是控制孩子在社交场所的言行。理性的父母懂得尊重孩子的想法，让他自己做决定；轻度控制欲的父母打着"别丢面子"的旗号，让孩子做不愿意做的事情；中度和重度控制欲的父母会用眼神、动作示意孩子必须这么做；极端控制欲的父母会情绪失控，即便别人来说情，也要逼迫孩子完成父母的意愿。

场景五对应的是孩子的人生走向。孩子终究会成长，会独立，理性的父母知道此时应该让孩子自己做决定，父母只能给建议；轻度控制欲的父母始终在强调自己的建议，忽视孩子的自主意识；中度和重度控制欲的父母会直接替孩子做决定，区别在于是否在意孩子的感受，是否认识到自己的行为越界了；极端控制欲的父母不管不顾，采用道德批判的方式逼迫孩子消灭自己的意识。

场景六对应的是综合性的日常琐事，体现在时间观念、交友观念、计划等很多方面。理性的父母懂得尊重孩子的意愿；轻度控制欲的父母会稍微控制一下孩子的交友范围，认为自己有权利干涉；中度和重度控制欲的父母更愿意控制孩子的身体，认为孩子是父母的附属品，他做什么事情都应该和父母保持步调一致；极端控制欲的父母则直接控制孩子的思想，不允许孩子破坏父母设定好的计划。

写给父母的一封信

你究竟是理性型的父母，还是控制型的父母？

无论是哪一种控制欲等级，你必须清楚，控制欲会随着时间的变化逐渐加重。如果你现在已经产生了轻度控制欲，请及时停手，别让自己变成孩子口中的"控制狂"，也别让原本应该氛围轻松愉悦的家变成孩子不敢回的地方。

4 越强调什么，越怕失去什么

我们总说，人啊，越在意什么，越缺少什么，越强调什么，越怕失去什么，这就是人性。那么，对于控制欲而言，这个规律同样适用。为什么很多父母习惯性控制孩子？根本原因在于，父母害怕一旦失去对孩子的控制，就失去了孩子。

我们经常能听到这样的话："你这个孩子怎么这么不听话，不听话就不是好孩子。""爸妈让你这么做，肯定有道理，不听老人言，吃亏在眼前！""你怎么这么多想法，爸妈还能害你吗？"

这些话的背后，主旨只有一个：你作为孩子，竟然想要逃离父母的控制！我们做父母的，还不能管管你了？

自己就没有独立的人格，又怎么能看着孩子独立呢？

父母会失去孩子吗？如果只是从生理层面来看，父母和孩子之间的羁绊是逐渐递减的，孩子会逐渐长大，会学习各种知识，会懂得人生道理，继而形成自己的"三观"，做出自己的选择。父母从最初什么都包办，逐渐要学会尊重孩子的选择，学会放手让孩子独立。

可为什么操控型父母那么多呢？关键原因在于，很多父母本身就没有独立的人格。在中国的传统思想里，父亲是"一家之主"，他必须扮演好父亲这个角色。怎么扮演好呢？树立父亲的威信。怎么树立呢？控制孩子必须听话。母亲则在孩子出生后，万事都以孩子为主，自己在这个世界上唯一的标签是"某某妈妈"，而不是她自己。

独立，不仅仅是生活上的独立，更应该是人格上的独立。父母通过"某某的家长"这个角色来寻找自己的存在价值，本身就是在抹杀自己的人格，更是将生活的重心向孩子倾斜，在长达十几年的时间里，孩子就成了他们的全部。全部的付出、全部的心血、全部的未来，一旦这种认知形成了，控制就成了唯一的选择和方法。

这种不正确的育儿观一代又一代地传递下来：男人在做儿子的时候，对自己的父母言听计从，他做了父亲之后，就会仿照自己的父亲，控制孩子的一切；女人在做女儿的时候，在父母身边，从来都不会考虑自己的人生价值，她做了母亲之后，就开始模仿自己的母亲，对孩子的衣食住行事事操心。

这样的父母独立吗？生活上他们有自己的工作，但人格上他们并不算完整，也没学会如何脱离父母对自己的影响，只是主观地模仿。

不能忍受孩子拥有不需要父母知道的秘密花园

对于控制型父母而言，什么事情是他们最不能忍受的? 有人说，孩子反抗他们，让他们觉得自己做父母的权威被挑战了; 有人说，孩子负气出走，让他们觉得自己被抛弃了。实际上，真正长期被控制的孩子几乎失去了反抗和逃离的勇气，只能被迫承受; 真正让控制型父母无法忍受的是，孩子拥有不愿意和父母分享的精神世界。

如何表现情感的羁绊? 我和你拥有共同的小秘密，愿意彼此分享自己的喜好，邀请对方进入自己的精神世界，无论彼此之间是亲情、爱情、友情，这种行为才是亲密无间的表现。这就好比，很多妈妈喜欢和孩子穿亲子装，即便自己穿着并不适合，也会觉得开心，因为亲子装是妈妈和孩子亲密无间的表现。

尤其是孩子上学之后，父母特别喜欢跟孩子打听他在学校里的点点滴滴。普通父母只是为了确定孩子在学校是否适应，或是作为吃饭时的闲聊; 控制型父母会让孩子汇报情况，比如早上到学校先上什么课、和同学说了什么、中午吃了什么、午休睡觉了没有等，他们接受不了自己和孩子的精神世界不在一起这个事实。

在网络上，有这样一个帖子: 你是如何发现自己的父母是控制型的?

其中有一个刚上大学的学生是这样回复的: 自从我上学之后，每天回家我妈都要翻我书包，然后问我今天发生了什么事情啊，上课的时候老师都讲了什么啊，中午饭吃了什么啊……我一直都认为，这是妈妈关心我的表现，她翻我书包只是为了看看我今天有没有把作业做完，问那么详细是关注我在学校的动态。直到有一天，同学跟着我一起回家取小组作业，我妈仍然很淡定地翻我书包，盘问我今天都发生了什么。我和同学进了我的房间，也就过了一个小时，同学就离开了。在饭桌上，我妈不停地问刚才同学都和我说了什么，其实真的没说什么，我甚至都不记得同学和我说的内容了，但我妈就非得刨根问底。后来我被问烦了，就回房间写作业去了，我妈追到我的房间继续询问。我对我妈说："我已经是大学生了，有些话只愿意和同学说，难道不对吗？你刨根问底到底想知道什么？"没想到，我妈突然间就发脾气了，认为我一个孩子，没有什么事情是不能和妈妈说的，妈妈问什么孩子就得回答什么。当天我们闹得很不愉快，我始终没搞懂我妈为什么会因此而失控。后来我才明白，在那之前，我一直都被她控制，也接受这种安排。那个同学出现之后，我突然不想被这样安排了，在我妈看来，我这个女儿竟然和别人有了不能告诉妈妈的秘密。

控制欲"爆棚"的人有一种被需要的心态，体现在"你什么都会和我说""你始终都会需要我""我才是能够始终陪在你身边的人"。一旦他发现，地球离开他照常运转，别人离开他照样过得多姿多彩，那种失落感比常人要严重得多。

普通的父母意识到孩子已经长大了，不那么需要父母的呵护，心里多少也会有失落，但更多的是欣慰，欣慰于孩子独立了，有自己的主见了，以后肯定能够独当一面。但控制型父母无法接受，他们只会把这些当作即将失去孩子的征兆，所以才会失控，才会更严格地控制。

写给父母的一封信

孩子在幼年时，需要父母的照顾和呵护，这会让父母产生一种"他不能失去我"的错觉，但父母必须正确看待失去，不能因为害怕失去就控制孩子。

控制得越严格，孩子越想逃离。孩子在没有能力之前，只能被迫忍受，一旦有能力离开了，就变成了断线的风筝，远走高飞。这是父母愿意看到的结果吗？

5 控制的背后，是极度不自信

你在生活里有没有遇到过这样一种人？在两性关系里，他们最在意的不是两个人是否相爱、是否合拍，而是"伴侣是不是听我的话"；在亲子关系里，他们最在意的不是是非对错，而是"孩子有没有听我的话"。因为这种心理需求，他们往往会变成控制型伴侣和控制型家长。顺从成为平衡关系的基本要素。他们为达目的会采用示弱、道德绑架、言语打压等方法，心理学上将这种行为称为内在操控。意思就是，先控制内心，再控制行为。

有人通过示弱的方式达到目的，如"我这个当妈的没用，现在还让孩子为难""我也不懂，你可别跟妈一般见识"。

有人通过道德绑架的方式达到目的，如"你长大了，翅膀硬了，爹妈说话都没分量了""我辛辛苦苦把你养大，想不到你现在居然要……"。

有人通过言语打压的方式达到目的，如"我是你妈，你就得听我的""我告诉你这么做，你就得这么做，我这个当妈的还能害你不成"。

无论是哪一种方式，这些话背后只有一个目的——你要听话，要顺从我。我必须通过你的顺从来找到我自己的价值。

控制的实质是因为恐惧和不确定

一个人存在的意义是什么？一个自信的人往往能列举出很多要素：我能解决很多问题，我能给别人带来快乐，我被很多人需要，等等。一个不自信的人呢？他们不相信自己能真正解决问题，不相信自己是别人的快乐源泉，更不相信自己被他人所需要，所以他们需要不断发号施令，通过让别人顺从来证明自己的意义以及自己的正确性。

那些看似强势的、控制欲强的人，如果剥开他们的内心世界，就不难发现，他们在用控制来掩饰内心的恐惧、不安和不确定性。

因为恐惧、不安，所以才想要通过控制的手段来让自己安心。举个简单的例子，当母亲带着孩子外出游玩的时候，看到远处有人在遛狗，尽管那只狗拴着狗链，并且被主人拽着，但母亲还是会恐惧，害怕那只狗突然冲过来咬伤孩子，就对孩子说："那边有狗，你不能过去。"如果孩子对狗很好奇，继续往前走，母亲就会立刻冲上来拉住孩子，训斥一番。那只狗扑上来的概率有多大? 它会挣脱主人的狗链吗? 它会咬孩子吗? 不确定，但母亲在心里已经把孩子被狗咬得遍体鳞伤的画面想了无数遍。这就是因为恐惧而产生的控制欲。

看到不安全的事物而控制孩子的行为，算是预知危险的正常行为，但在生活里，因为恐惧、不确定性而导致的其他控制行为就显得不那么正确了。比如，孩子需要社交，需要认识新伙伴，控制型父母就开始变得焦虑：孩子的朋友里有没有坏人，会不会被带坏……他们既不相信自己的孩子有解决问题的能力，也不相信孩子有基本的判断是非的能力，只会简单粗暴地用"不准"解决问题。

直视内心的缺口，按下控制的停止键

你应该如何停止对他人的控制呢? 有人说，干脆不管，什么都不管了，总不会再有人说我是控制狂了吧! 这只是气话，很多父母都说过，但真正做到的人寥寥无几。想要改正这种不良心态，关键在于认识这种心态是如何养成的。

有些控制型父母不相信孩子，所以才会把自己当成剪子，把孩子当成小树，总是想把那些长到框架外面的枝叶修剪掉，让小树在框架内茁壮成长。最典型的说法是"如果我不管，孩子学坏了怎么办"。难道孩子去学校不会学做人吗? 难道孩子不能自己明辨是非吗? 这种控制容易挫败孩子的自信，让孩子总想向外界证明"我能行"，或者"我就是什么都做不好"。

　　有些控制型父母不相信自己，所以要牢牢控制孩子的成长方向，使之不发生偏离，否则就会陷入极端的焦虑，认为会发生不可控的事情。比如，孩子考上大学后会改变每天回家的生活方式，家长就开始远程操控，要求每天一个电话。如果孩子有一天忘记打电话了，家长第二天一早就能到学校，甚至还有家长在半夜给学校辅导员打电话，让他去宿舍替家长看看孩子。这种控制会形成巨大的压迫感，孩子的自主意识越强，束缚力就越大。

　　有些控制型父母缺乏存在感，所以要时刻得到孩子的认同和回应，一旦孩子不能满足这种心理需求，他们会用各种方式逼迫孩子给予认同和回应。最常见的就是通过道德绑架、诉苦等方式，比如"我生你的时候可遭罪了""为了给你交学费，我有多辛苦"。他们需要让孩子不断承认父母的付出，靠这种方式找到自己的价值。但时间久了，这种控制就变成了沉重的负担，压得孩子喘不过气。

　　有些控制型父母缺乏边界感，所以会把孩子当成自己的附属品，认为孩子的一切都属于自己，自己也有权利替孩子决定一切。比如，孩子在考大学时选择什么专业，在就业的时候选择哪个城市，甚至孩子选择谁作为人生伴侣，家长都毫无边界地横加干涉。在这种环境中成长的孩子，几乎都是毫无主见、畏畏缩缩的人，因为他们独立思考的能力已经被父母彻底剥夺了。

　　有些控制型父母被原生家庭所影响，他们被控制型父母抚养成人，又成为新的控制型父母，继续把自己的童年投射在孩子身上。比如那句"都是为了你好"，就仿佛是紧箍咒，被一代又一代家长挂在嘴边。

　　找到不同的控制欲形成的原因，才能找到解决方法。不相信孩子，就想办法给孩子提供证明自己的机会，如果找不到机会，父母始终把他当成那个需要父母做决定的小宝宝，控制欲只会变本加厉；不相信自己，就想办法自信起来，成年人也不是全能的超人，要接受自己不完美，不要总是活在焦虑中，而是和孩子共同成长，打破控制的牢笼；缺乏存在感，就让自己充实起来，在擅长的领域里找到自己的价值，即便是全职主妇，也能依靠好厨艺在朋友圈里赢得赞美，而不必通过控制孩子来获得认同感；缺乏边界感，就建立安全区，客观分析什么事情我能帮着做决定，什么事情我必须征求孩子的意见，一点点改变。

写给父母的一封信

网上流传这样一句话："我们也是第一次做父母……"后面跟着父母的歉意和愧疚，认为自己做得不够好，希望孩子能包容。但是这句话的本质，仍然是在控制，希望用养育之恩换取孩子的原谅。这并不值得鼓励。

第一次做父母，难免会出现错误，但孩子在成长，父母也应该跟孩子一起成长，这才是最好的亲子关系。

6 任何关系，都不该是掌控和被掌控

在心理学领域，原生家庭对人的影响是非常深远且刻骨铭心的，在长时间的相处下，孩子的行为模式、思维方式都会不自觉地模仿父母。中国这几十年里的发展太迅速了，我们生活的变化也非常大，原生家庭的问题现在得到重视，是一件好事。

二十世纪六七十年代生的人，因为物资匮乏，父母忙于生计，在这个时期几乎没有什么"科学养育"的观念。他们接受的是传统的"棍棒教育"，犯错之后，父母没有时间给他们讲道理，采用的都是粗暴的"棍棒底下出孝子"的做法。等他们做了父母之后，面对自己的孩子，几乎也只会重复父母教育自己的方式。

"80后""90后"这一批人，他们对孩子采取"打压教育"。虽然此时逐渐形成了"科学养育"的观念，但打压孩子的问题同样存在。父母的注意力仅放在孩子的身体健康、人品培养方面，对于性格养成还是比较模糊的，并且因为学习成绩十分重要，很多家长通过打压的方式激励孩子的斗志。

无论是"棍棒教育"还是"打压教育"，几乎都会演变为控制。

前者是行为控制，后者是精神控制，最终都会变成原生家庭对孩子的压迫。

别让原生家庭的悲剧继续影响下一代

老一辈人没有机会接触到儿童心理学，根本就没有意识到自己的行为是在控制孩子，无论是行为控制还是精神控制，他们只会认为，这是在管教小孩，不教不成才。在条件有限的时代背景下，我们虽然不能过分苛责父母使用了错误的教育方式，但是也需要用很长一段时间治愈内心的创伤，所以我们做了父母之后，更应该做的是，不要再重复错误的教育方式，要让孩子身心健康、茁壮成长。

不知道你们注意过没，在一些家庭里，女儿会越来越像自己的母亲，儿子会越来越像自己的父亲。这主要是因为在耳濡目染的成长环境里，孩子会下意识地模仿家长的言谈举止，女儿的参照物是母亲，儿子的参照物是父亲。

举个简单的例子，如果父亲是个家暴者，稍不如意，就会对妻儿拳打脚踢，他的儿子也有很大概率成为家暴者，原因在于他的原生家庭里缺少榜样，不会正确地表达情绪，长大后遇到同样的问题，他在潜意识里会模仿父亲。

控制型父母同样如此，因为接受了不教不成才的观点，所以严格控制孩子的言谈举止。即便孩子已经产生了抗拒情绪，但在父母看来，这种抗拒就是"出格的事儿"，更应该被打压。在这种环境中成长的人做了父母之后，控制欲会变本加厉。

那么，我们可以改变这一切吗？当然！只要你想做出改变，就能够有所改变。或许这些改变不会立竿见影，但至少我们正在朝着正确的方向努力。如果始终不做出改变，那孩子的将来就可能像你一样，你小时候有什么心理阴影，他也会有，这种影响甚至会因为看到其他孩子原生家庭的温暖而变得更加严重。

千万不要相信那句"我小时候就是这么过来的"。老一辈人的成长环境是什么背景？在他们那个年代，上过大学就算是人中龙凤了。现如今的孩子，除了追求学业，提高认知、拓宽眼界也是他们提升自己的方式。老一辈人因为见的世面少，没有机会看更宽广的天地，即便生活里充满了不如意，但没有比较，就没有不甘心。可是现在的孩子每天都能接触到新鲜事物，他们拥有更多渠道去了解这个世界，也更有能力看透事物的本质。在网络上，已经有很多年轻人认识到原生家庭的健康问题了，作为父母，真的能视而不见吗？

努力做出改变，就从这一代开始。如果你的原生家庭有这样那样的问题，你已经意识到了，那就有意识地控制自己，做出改变，让孩子面对生活更积极，心理更健康。

关系越亲近，应该让彼此越舒适

一个控制型的人，不光会控制孩子，身边的人或多或少都会受到影响。一个家庭里，如果母亲是个强势的人，那父亲就可能是老实巴交、沉默寡言的类型；如果父亲是个强势的大男子主义者，说一不二，那母亲就可能是任劳任怨、毫无主见的类型。为什么他们意识不到这个问题？因为习惯了。

可以这么说，夫妻关系永远排在亲子关系之前，这是因为夫妻之间已经在更长久的时间里彼此进行磨合。换句话说，控制型的人一定是先控制伴侣，再控制小孩。只不过，在孩子出生之后，家长的注意力更多地被孩子吸引了，亲密关系反而被掩盖了。

我们在影视作品中见过很多类似的场景：母亲唠唠叨叨，从孩子的学习到丈夫不主动干活，从孩子进入叛逆期不省心到丈夫又跑出去喝酒，丈夫采取不回应、不反驳、不改正的"三不原则"，甚至还和孩子相视一笑。最后，孩子说爸爸是个好爸爸，妈妈不是个好妈妈，即便这个家都是妈妈在操劳，爸爸什么都不管，孩子还是毫无原则地偏袒爸爸。

为什么会这样呢？是孩子看不到妈妈为这个家庭付出的心血吗？当然不是，是因为这些付出同时还伴随着无形的操控，让原本可以轻松面对亲人的心始终紧绷着，最终就会形成亲人的逆反心理。这不是健康的亲密关系，更不是健康的亲子关系。

家庭里的所有成员都应该是亲密的、有爱的，家庭氛围应该是温馨的、轻松的、安全的，不要让控制欲打破应有的亲密感，给彼此树立起隔阂。夫妻之间，隔阂多了，自然就会背离初心；亲子之间，孩子对父母不满，父母觉得孩子不听话，隔阂多了，同样也会造成很多矛盾。这样的家庭，还能成为避风港吗？

写给父母的一封信

如果小时候你是被父母控制着长大的，尝到过原生家庭带来的苦果，就请勇敢地做出改变，让原生家庭的不良影响在你这一代停止，让你的孩子拥有健康的原生家庭，从而达到心理健康。

千万别做嘴上抱怨原生家庭，却仍然给孩子带来原生家庭伤害的父母。否则岂不是对不起小时候因为原生家庭伤害而感到悲伤的自己吗？

第二篇

你究竟能控制什么？

1 每个人，只能掌控自己，而不能掌控他人

虽然我们始终强调，控制欲是一种非常不健康的心理状态和生活状态，但不可否认的是，控制他人的行为很多是不自觉发生的，甚至有的时候，你会主动去控制。但你必须清楚，所谓的控制，只能对内，不能对外。控制好自己的情绪，适用于所有人际关系。

家长的愿望，不能寄托在孩子身上

在父母的眼中，孩子是什么呢？是自己生命的延续，是整个家族的延续，承载着无数的希望。这种想法正确吗？从某种程度来说，这种想法没有错，中国千百年来都是依靠家族进行生产活动的。但这个想法的问题在哪里呢？在于过分强调延续，而忽略了孩子自身意愿。

父母嘴里常说"我做的一切都是为了你""父母能不能享福就靠你了""父母拼死拼活，你还这么不听话""你怎么能辜负我"……这些话听着耳熟吗？你中了几条呢？很多人会辩解，这不过就是希望，有希

望才有动力，但本质上，这就是无形的操控。你渴望用自己的付出、家族的延续绑架孩子的意志，在长期灌输之下，孩子就背上了心理包袱。

在网络上，有这样一个帖子，讲述北京市海淀区某重点小学的家长群家长们的谈话内容，让人看了之后感到无比压抑。最开始，老师说，下个学期，学校组织校外兴趣小组，请各位家长和学生商量好，然后列举学校准备了哪些兴趣小组，如手工艺兴趣小组、科技兴趣小组、航天兴趣小组等。某家长问，有没有物理兴趣小组或奥数兴趣小组。老师回复，学生刚上三年级，学校准备的都是比较简单的，只是培养孩子的兴趣，只是启蒙。这位家长就很生气地发了很长一段回复，意思是，她和丈夫都是顶尖高校毕业的，都是高才生，他们计划把孩子培养成自己的接班人，学校怎么能不准备奥数兴趣班呢？现在准备这些糊弄学生的兴趣小组，要么是偷懒、敷衍，要么是耽误孩子。如果学校不会培养，她的孩子就拒绝参加，但老师不能因此而给孩子差评。发帖人觉得这位同学家长有点要求过高，孩子刚上小学三年级，就开始学习奥数，并不利于培养孩子对学习的兴趣。

这种情况绝非个例，并且往往发生在两种家庭中。第一种，家长都属于高级知识分子，是学霸，因为自己一辈子都是优等生，所以希望孩子像自己，最好能青出于蓝胜于蓝，这样才不枉费自己如此优秀的学习基因。第二种，家长在学业上曾有遗憾，心怀不甘，比如没有机会出国留学，就希望孩子能够替自己完成梦想。于是乎，他们在物质上努力为孩子提供更好的条件，如倾尽所有购买学区房、花大价钱供孩子去参加各种课外培训班；在时间上要求孩子必须争分夺秒，强调竞争。你还会认为这不是控制吗？

把自己的意愿强加在别人身上，不管采用哪一种方式，都掩盖不了控制的事实。家长如果希望自己的孩子在将来可以超越自己，也请换一种方式，通过引导和培养孩子的兴趣去完成梦想，而不是依靠控制。

培养孩子做自己的主人

很多父母在教育孩子的时候，特别在意"我教给你什么"，而不是"孩子自己想要学会什么"，这就导致孩子的内驱动力不足，只能依靠家长"推"着走。很多家长都有过这样的困惑：假设真的放手不管，孩子就真的能今天拖明天，明天拖后天，彻底"躺平"。其实，这就是孩子的内驱力不够，他已经习惯了靠父母的管教，如果父母不管了，他反而不知道该怎么办了。"父母之爱子，则为之计深远"，父母不可能永远陪着孩子，不可能永远帮助孩子做决定，终有一天，他需要独自面对这个世界，与其控制孩子，不如培养孩子做自己的主人。具体应该怎么做呢？

首先，不要忽视孩子的需求。当孩子开始表现出自我意识时，父母需要表现出"我很愿意倾听""我很在意你的想法"的样子，而不是根据自己的经验武断地进行判断。比如，小孩子在夏天想去玩水，妈妈粗暴地打断他，说玩水不安全，会被淹死。妈妈说得对不对？对。方法好不好？不好。任何一次粗暴地否定孩子，都是一种对儿童人格的打击。父母完全可以对孩子说："宝贝，你的想法很好，但我们得找个安全的地方，你能不能推荐这样的好地方呢？"如果孩子想不出来，你可以引导他说出"游泳池""儿童乐园"等地点；如果孩子直接说了出来，那就表扬他、肯定他。这样一来,他的需求得到了满足,并且是在自己的"主导"下找到实现它的方法的。

然后,用成就感引导他继续下去。还是以刚才孩子想去玩水为例,孩子去游泳池里尝试着学习游泳,最开始肯定手忙脚乱,之后逐渐掌握游泳的技巧。家长需要让他正确认识成就感。很多育儿图书都曾指出,父母要多表扬孩子,于是不管孩子做成什么样,家长都把"你真棒""做得真好"挂在嘴边。这种流于表面的表扬并不能真的激发孩子的内驱力,需要再深入一些。比如,这一次做得好是哪里做得好,这一次做得不好又是哪里出了问题,让孩子清晰地找到优点和缺点,这样才能彻底激发成就感。小孩子的成就感是很容易获得的,即便孩子很努力都做不好,家长也可以开导他:"宝贝可能和妈妈一样,是个旱鸭子,那我们再找找其他爱好,总有一个是你又能玩得开心又能做得好的。"

这只是一个案例,完全可以举一反三,在学习上同样适用。很多家长总是用控制的方法逼迫孩子去学习,反而会让孩子产生厌学心理,不如培养他做自己的主人,自己制订计划,自己评价成果,自己总结经验。

写给父母的一封信

父母要明白,孩子不仅仅是生命的延续,更是爱的延续,我们不能把自己的意愿强加在孩子的身上。改变自己的想法,自然就改变了对待孩子的方式。与其控制孩子,不如引导孩子自己做主,自己挖掘能力。

这样一来，亲子关系变得更加和谐有爱，即便会出现管教，也已经完全不是强迫式的控制，而是一步步引导，让孩子自己认识问题，自己找到解决问题的方法，自己决定未来的走向。

2 做情绪的主人，而不做情绪的奴隶

看了上文之后，很多父母肯定都会说"现在的小孩子，你说一句，他有一百句等着呢"，或者"现在的孩子可不像我小时候那么乖了，有时候真的气得人抓狂"。我相信，很多父母都曾经无数次想过：我上辈子做了什么坏事，这辈子生了这么不省心的孩子。

尽管非常生气，但不是所以父母都会抓狂。面对孩子无休止的哭闹、油盐不进的性子，家长往往有很多种做法：宠溺型，只要孩子能停止哭闹，能够不再生气，家长就赶紧顺着孩子；冷漠型，嫌孩子烦，干脆眼不见心不烦，把孩子打发到自己的房间；说教型，试图通过讲道理，让孩子理解家长的苦心；怒斥型，家长用自己的威严做筹码，和孩子比谁的声音更大，谁就占据上风。

你是哪一种？你觉得哪一种是正确的？

面对孩子的失控，父母更应该控制住自己

孩子不能控制自己的情绪，所以才会放肆地表达自己，不管是通过哭闹还是通过大叫，都是在表达自己的不满。父母应该根据现场情况冷静判断，究竟是放任孩子发泄情绪，还是先让孩子冷静下来，抑或是通过转移注意力的方式先把坏情绪压下去。

然而，在面对孩子情绪失控的时候，父母往往比孩子更冲动，孩子一哭就着急，孩子一闹就心烦。这种反应是刻在基因里的，在远古时代，孩子的哭闹、大叫会引来野兽，因此，这些行为会极大地触动人的神经，父母想在第一时间控制住，让孩子不再哭闹、喊叫。

可你想过没有，如果在孩子失控的时候，父母也失控，又会变成什么局面呢？孩子哭闹，父母呵斥，孩子尖叫，父母歇斯底里地呵斥，甚至突然情绪失控到扇自己，边哭边骂。

首先我们要明确，孩子，尤其是学龄前儿童，他们的哭闹、尖叫只是在表达情绪，要用平常心去看待。很多家长一听到孩子哭，还没了解过程，就先脑补孩子受到严重的伤害，或是受了极大的委屈。实际上呢，可能是孩子想让小伙伴把玩具让给自己，但小伙伴不同意，仅此而已。

其次，孩子的注意力容易被新鲜事物所吸引，满足感也很容易获得。这个事情满足不了，那就满足其他的，总能找到父母能接受、孩子能满足的契合点。如果是年龄大一点的孩子，如中小学生，他们的情绪失控大多被忽视，如果父母只通过控制、强迫、呵斥的方式去制止，会适得其反，倒不如让他先发泄完，再通过沟通了解他们失控的原因。

最后，孩子的情绪只能疏导，不能压制。即便是情绪稳定的成年人，也需要发泄情绪，更何况是青少年，总是压制情绪反而不利于身心健康。

总之，面对孩子的失控，父母应该先了解失控的原因，再结合所在的场合、孩子的性格进行判断：到底是先让孩子发泄，再和他谈心，或是用新鲜事物转移孩子的注意力，抑或是先安抚孩子的情绪，再去了解他的需求。

不可否认，面对孩子突然哭闹不止、大声尖叫，需要很大的耐心，或许这也是很多父母选择用控制、强迫的手段让孩子停止这样的行为的原因，尤其是在人多且封闭的公共场所，但后续需要配合其他行为来进行疏导，而不是简单粗暴地说"你别哭了"。如果站在孩子的角度来看，发生的是什么呢？他因为某些原因很不高兴、生气了，所以哭了；被父母大声训斥，说公共场所不能哭闹，会影响他人，他不敢再哭了。可是父母没有来问自己为什么哭闹，他们好像不爱自己……

在孩子的世界里，父母的责骂，代表自己犯错了，后续没有开导，代表父母不在意自己，时间久了，孩子就会陷入自我怀疑中。在心理学上有个词叫"习得性无助"：个体在长期遭受无法预测或控制的负面事件后，逐渐失去了改变现状的信心，从而形成了一种消极的认知态度，认为自己无法通过自身的努力改变不良的情况或结果。很多儿童心理学家都指出，长期被控制、训斥和无视的孩子最容易出现这种心理问题。

成年人的成熟，就体现在控制情绪上

任何一个人，都会有情绪失控的时刻，然而，一个成熟的人，至少应该知道在什么时候、用什么方式发泄情绪，而不是随时随地、毫无顾忌地把情绪一股脑地扔给身边的亲人、爱人，甚至有些人会用发泄情绪的方式去控制他人。

在影视剧中，我们经常看到这样的画面。比如，母亲做好了一桌饭菜，儿子打电话回来，说自己不能回家吃晚饭，让母亲自己吃。等儿子回到家，母亲执意把饭菜热了，想让儿子再吃几口，说"外面的饭菜不干净，也没营养，再吃几口"，但儿子已经吃饱了。母亲特别生气，先是责怪儿子打电话晚了，自己都开始做饭了，又说做这顿饭有多辛苦，为了让儿子吃得健康，跑了多远去买新鲜蔬菜，等等。又比如，父亲让儿子出去给自己买包烟，但儿子正在玩游戏，不愿意去，父亲又说了两遍，儿子还是不同意。父亲突然间就大声呵斥，认为儿子玩游戏不是什么正经事，居然连爸爸的话都不听，长大了肯定不孝顺，等等。

这些行为太常见、太普遍了，但不代表这些行为是正确的、恰当的。要知道，发泄情绪很容易，但修复那些因此而受伤害的心灵很难。父母都爱着自己的孩子，愿意为孩子付出自己的一切，难道还不愿意控制一下自己的情绪吗？

写给父母的一封信

　　俗话说："良言一句三冬暖，恶语伤人六月寒。"如若良言来自最亲、最爱的父母，温暖会加倍，孩子会获得更大的动力；反之，恶语来自原本最信任、最依靠的父母，伤害会更大。

　　有些父母认为，亲子关系依靠血缘进行连接，自己偶尔发脾气，宣泄一下情绪，孩子还能记恨自己不成？就是这种错误的思想导致了行为不加约束，让原本应该温馨有爱的亲子关系总是夹着隔阂、怨言。想要改变这种情况，只需要改变观点，再加上稳定情绪即可。如果你之前也曾有过类似的行为，不妨找孩子好好谈一谈，为自己曾经的口不择言、随意发火而道歉，并且从今天开始，用温和替代挑剔，用理解替代控制，用尊重他人的方式传递爱的力量。

3　控制事态的走向，而不是所有细节

控制欲并不是现在才出现在父母身上的，为什么直到现在才被大众所重视呢？

就像前文中提到的那样，控制有时候看起来很像管教。比如，孩子外出游玩，九十点钟还没回来，母亲打一个电话询问什么时候回来，这是关心；如果每十分钟就打一个电话，催促孩子回家，孩子不依，母亲就开始情绪失控，甚至说"你干脆死在外面吧"这样的话，这是控制。

再比如，天气转凉了，母亲叮嘱一句"变天了，多加件衣服"，这是关心；而有的母亲则直接挑出一件衣服，并且告诉孩子，明天必须这么穿，孩子说不喜欢这件衣服，想换另一件，母亲反而说"这件衣服当初也是你同意了我才买的，怎么一次都不穿，反正钱都花了，明天你必须穿"，这是控制。

为什么母亲总想事无巨细地控制孩子？

这个问题，如果你问孩子，孩子肯定会抱怨说："那还能是因为什么，我妈就是闲的，她不光管我，还管我爸，管我外公外婆，甚至家里的狗她都要管。"如果你问被指控为控制欲"爆棚"的母亲，她一定会说："你以为我想控制他们吗？一个个都是甩手掌柜，这个家里里外外都由我操持，我控制他们不能做这个、不能做那个，还不是想省点事儿。"

中国的大多数家庭还是"男主外、女主内"的家庭模式，并且在教育孩子、陪伴孩子、照顾孩子等方面，更多依靠母亲，父亲只要能在周末带着妻儿外出游玩、购物，就足以被称为好爸爸、好丈夫了。所以，表现出高强控制欲的往往都是家庭中的母亲。

然而，这些都不是让自己变得控制欲"爆棚"的理由，它们只能算是客观条件，真正起到决定作用的，一定是主观因素。

首先，有些母亲认为这个家没有自己的操持连一天都过不下去，所以大包大揽。但实际上呢？电视剧《少年派》中就有类似的场景：林妙妙的母亲需要出差一周，她很担心丈夫一个人照顾不好女儿，就把每天需要做什么、吃什么、怎么安排时间都写在一张纸条上，要求丈夫和女儿必须照着做，她会抽时间打视频电话来检查。父女二人答应得好好的，等母亲一走，林妙妙就高呼"自由了"，父亲也立刻拿出手机，准备点外卖。一周之后，母亲回来后，父女二人也过得好好的，根本就没有出现所谓的"过不下去"的情况。这种认知因何而起呢？有些母亲总是把家庭成员当成毫无自理能力的"巨婴"，把自己当成照顾他们的"保姆"，健康的家庭不应该是这样的关系设定。

其次，有些母亲不够信任孩子的独立能力，这是很多家庭产生矛盾的根源。她们不相信孩子能够照顾好自己，不相信孩子有基本判断是非的能力，甚至不愿意接受孩子已经长大的事实。孩子长大了，就证明他可以离开母亲，独自去社会上闯荡，但母亲总觉得不行，他会吃亏的，他会被欺负的，他会碰壁的，这些都会让他受到伤害，当妈的怎么舍得呢?

最后，有些母亲过分强调母爱的重要性，却忽略了其他。可以这样说，她们总是能在照顾家庭、照顾孩子的过程中感到自己被需要，这在全职妈妈身上尤为明显。心理学指出，每个人都渴望找到自己存在的意义，如果一个人的生活重心有且仅有一个，那么他会牢牢掌控这个重心，不愿意放手。如果一个女性，除了母亲和妻子这个角色，不再具备其他社会属性，那么她只能拼命在家庭中证明自己存在的意义。

若家庭中的母亲总是表现出唠叨、亲力亲为、控制欲强的特点，即便孩子和丈夫都已经表现出抵触的情绪，但她依旧我行我素，该如何纠正她呢?

学会大事不放松、小事不插手

你有没有注意过，和孩子关系比较好的父亲是怎么处理亲子关系的呢? 举个最简单的例子，同样是带着孩子去商场的儿童游乐区游玩，母亲往往时时刻刻盯着孩子，一秒都不肯放松，嘴上还常常嘟囔着:"孩子，那个不能碰啊，危险!""你别总是玩这个，去玩玩那个吧。""你怎么又摔倒了，回去之后我还得给你洗衣服!"父亲又是怎样的呢? 他们往往坐在一个能看到全场的位置，让孩子自己去玩，自己则坐在远处，时不时看一眼。孩子偶尔转头看向父亲，父亲也会给予眼神的鼓励，意思是说："孩子，去吧，爸爸相信你！"如果你是个孩子，你更喜欢哪一种陪伴？

其实，在教育孩子的时候，只要秉承着"我掌控事态的走向，要求一个结果，过程中更尊重主体人"即可。孩子的教育和成长看似是一个长达十几年的漫长过程，但实际上是由无数件小事组合而成的。很多父母觉得养育孩子的压力很大、负担很重，要做很多事情，要控制很多方面，实际上，孩子的成长是自然而然的。看看你的身边，那些父母"散养"的孩子，不也都好好长大了吗？

为了应对这种心理焦虑，我们可以大致将孩子的成长划分为几个阶段和几个方面。按阶段划分，分别是学龄前、上学期间、重大选择时和成年后；按方面划分，分别是吃、穿、行、人品、独立。

孩子在学龄前，父母最应保障孩子的安全，其次保障孩子的好奇心和乐趣得到满足，最后在这个基础上适当地培养他们各种能力。安全问题是底线，是必须保障的部分，不能放松；好奇心、乐趣量力而行，尽可能让孩子感受多姿多彩的世界；培养能力属于加分项，适当地培养其独立自主的能力，这样家长和孩子都有成就感和满足感。

父母掌握这个原则，控制欲自然就会逐渐减少，也不会感到焦虑，自然就能和孩子更融洽地相处，甚至还能像朋友一样和孩子打成一片，让孩子从心里认为，父母是我最亲密的人！何乐而不为呢？

写给父母的一封信

> 控制是一个中性词，为什么在教育问题上，控制就变成了一个贬义词呢? 就是因为很多家长恨不得将生活的重心全都压在孩子身上，控制欲在不知不觉中膨胀，孩子感到窒息，家长觉得痛苦，就连身边人看着也累。
>
> 掌握好度，只控制事态的走向，给孩子留出成长的空间，让他们自由发挥，自主决定，用独立且自信的心态去感受生命的意义。

4 做爱孩子的父母，而不是掌控孩子的父母

　　世人常常歌颂爱，因为爱足够温暖，足够有力量，是人间真善美，是世人精神上的最高追求。但同时，爱也是极端抽象的词，如果没有行为做基础，它没有任何意义。这句话是什么意思呢? 简单来说，爱需要通过行动来表达，如果只藏在心里，或只停留在嘴上，是最无用、最无意义的事情。同时，爱的表达和行动需要用对方能够接受的方式，用对方感到舒适的方式，而不是自我感动、自我牺牲。

　　这个世界上，几乎所有父母都爱自己的孩子，也正是因为这种爱，

才让人类繁衍至今，这一点毋庸置疑。然而，不是所有的父母都懂得用正确的方式表达爱，因此，亲子关系中才会出现很多问题和矛盾。

爱不能成为教育的筹码

在口碑很好、播放量很高的电视剧《隐秘的角落》中，朱朝阳的父母就是特别典型的例子：父亲因为离婚、再婚，根本就不在意儿子平时的表现是什么样子，只有当朱朝阳拿到第一名的成绩单的时候，才会觉得有面子，夸赞儿子真聪明；母亲因为控制欲较强，将婚姻中的所有矛盾都归咎到父亲身上，在离婚之后，更是牢牢控制朱朝阳，让他按照自己的既定计划成长，要考第一名，向父亲证明他们娘俩生活得很好，让他远离周围的同学，甚至把他被同学孤立当作好事，认为那样就不会有人耽误他好好学习了。光是这对父母的定义，就足以说明编剧做了很多功课，因为他们真的好似某些中国式父母的缩影：极端控制和唯成绩论。本质上，唯成绩论也算是一种控制行为，即你拿到了好的成绩才能获得我的爱。

心理学家曾经指出，培养一个孩子的自信心，要先从父母无条件地爱开始。这句话是什么意思呢？很多父母都没有意识到，他们爱孩子的方式是有条件地爱，让一个尚未成熟的孩子接受这种爱的方式，本质上就是在迫使他们接受"如果我达不到某些条件，就没有权利得到爱"的歪理。

举个很简单的例子，父母在教育子女时，常常先设定一些条件，最常见的就是"如果你考试得 ×× 分，我就满足你一个愿望"，或者"你必须听话，做个好孩子，爸爸妈妈才会爱你"，在孩子心里，考高分、听话是得到爱的先决条件，爱变成了交换和控制对方的筹码。我们换位思考一下，如果孩子说"妈妈，你必须给我买最新款游戏机，我才会爱你"或者"爸爸，你今后得给我买大房子，我才给你养老"，父母作何感想呢？

正确的做法是什么呢？父母都希望孩子好好学习、人品出众、德才兼备，那不妨换一种说法："爸爸妈妈永远爱你，无论你成绩好坏，我们都爱你。如果你能尽自己最大的努力好好学习，爸爸妈妈就特别开心。"如果孩子已经上了初高中，他们更能明白学习的重要性时，父母还可以说："孩子，爸爸妈妈永远做你坚强的后盾，你付出的努力，爸爸妈妈看在眼里，你永远都是我们的骄傲。"

爱绝对不是你控制孩子行为和精神的筹码，但可以是激励他的动力，引导他用行动表达爱。孩子的精神世界是非常充沛的，他们比成年人更在意爱，为什么不把主动权交给他们呢？

爱要用正确的方式表达出来

不知道从什么时候开始，很多人意识到要向孩子表达爱。于是，父母从孩子出生起便不厌其烦地对孩子说"宝贝，我们很爱你"，但在教育理念上没有及时更新，仍然采用老一辈人的传统教育方式，这就会导致孩子的感受产生割裂：爸爸妈妈在嘴上不停地说爱我，却试图控制我、教育我，甚至辱骂我，丝毫不在意我的感受、不尊重我的意愿。时间长了，孩子大了，就会开始质疑这份爱。真正爱孩子的方式很简单，并没有那么复杂：用孩子最容易接受和感受的方式，如多陪伴他、多倾听他的话、多理解他的想法、多包容他的不足等。

与其流于表面地诉说"我爱你"，不如多听听孩子说："我想要……"当孩子表达自己的情感需要时，很多父母总是认为那些不过是童言，不用当真，那就错过了很多孩子袒露心声的机会。小孩子会察言观色，父母不在意自己说的话，时间久了，他们也不再说了。等父母再想让孩子袒露心声，孩子就会有所保留。很多家长都困惑，自己的孩子在外面能说会道，为什么回到家里就像锯了嘴的葫芦，那是因为在他有表达欲望的时候，被你无情地打断了。

多用肢体给孩子安全和温暖，如拥抱。孩子其实渴望肢体上的亲密接触，曾经有过这样的儿童心理实验：随机选取两组家庭，一组家庭父母除了必要的肢体接触从来都不拥抱孩子；另一组则每天至少拥抱一次，父亲甚至还经常做让孩子飞飞机的托举行为。一段时间之后，第一组几乎没有肢体上亲密接触的家庭的孩子对父母表现出明显的抵抗情绪，但如果父母不在身边，又哭闹不止；另一组家庭的孩子内心充满安全感，即便父母外出，孩子在其他人的看护下也能情绪稳定。为了保持威严，当孩子长到四五岁的时候，很多父母就很少再像小时候那样拥抱孩子，所以孩子的内心就会对亲子关系产生隔阂和疏离感。

说话时，尝试着用半蹲的姿势。很多父母对孩子说话时，很少特意半蹲下来，尤其是在孩子小的时候，这种身高差会造成高高在上的错觉，让孩子的内心天然对父母产生惧意。很多恐怖片里都有类似的场景，一个巨大的怪物会对人类产生强烈震慑，其实在孩子的眼里，成年人很高大，让孩子心生惧意，尤其在父母暴怒的时候，这种惧意只增不减。所以，如果孩子还小，父母不妨蹲下身子，让孩子觉得他和你们是平等的。

多给予孩子尊重，把他当作家庭的重要成员。很多孩子的童年阴影并不是电视上看到过的令人惊悚的恐怖片，而是回到家，突然发现自己的宠物不见了，父母说养宠物耽误学习就给送人了，任由孩子大哭。甚至在国家实施全面两孩政策之后，父母背着小孩要二孩，直到瞒不住了才和孩子说，孩子稍微有点意见，就会被父母说"这是我们的事，你没有资格做决定"。这种不尊重孩子意见的做法，只会让孩子逐渐失去家庭的归属感，对父母产生距离感。

爱原本是一个温暖的词，应该用别人能够接受的方式去表达，才不会辜负爱。不要用那些自己都接受不了的方式去对待自己最爱的人，如果他们因你受到了伤害，你同样也会难过不已。

写给父母的一封信

父母对子女的爱本是无私的，那就不要用条件来限制它，一旦被附加了条件，这份温暖就变了味儿。不要把爱当作筹码和孩子讨价还价，孩子就是通过父母的言传身教学会表达爱的，如果父母的爱是有条件的，那么他今后对爱的理解就是：我必须做到什么程度，必须多么优秀，才配得到爱，否则就不会有人真的爱我。你希望你的孩子变成这样吗？

5 尊重孩子的选择，反省自己的错误

孩子在成长的过程中，会面临很多选择，小到寒暑假怎么度过，大到考什么学校、学什么专业。很多家长总会以"你还小，你的选择不成熟"为由，把决定权牢牢握在手里。即便孩子已经上了初高中，父母还是学不会尊重孩子的选择。

如果孩子不同意、质疑父母为什么要干涉自己的选择，父母就会采用唠叨、诱导、逼迫等方式，让孩子认同自己，直到孩子毫无招架能力，选择了妥协。此时的父母就如同大获全胜的将军一样，觉得自己是孩子的人生导师，避免了孩子走上歧途。但父母不会懂得，正是这一次次的打压，让孩子失去了自主选择权。你不仅是在阻止孩子的选择，更是在抹杀孩子的独立人格。

错了就错了，又能怎样呢？

如果你问有的父母，为什么不把决定权交到孩子的手里，让他随心选择，去做自己最想做的事，他们一定会说："我怕孩子选错，白白浪

费了时间。"每到暑假，少年宫里都会举办各种兴趣小组，很多父母都会把孩子送过去，想趁着暑假让孩子学习一点课外知识。你一定会发现这样的情况：孩子明明对航天科技感兴趣，想借助少年宫里先进的天文设备观测宇宙，父母却说，孩子还小，这些知识太深奥了，肯定听不懂，倒不如去学习一下英语，少年宫里的英语班还组织莎士比亚舞台剧的表演，多难得啊。最终，在父母"动之以情，晓之以理"的劝说之下，孩子被迫选择了英语兴趣小组。如果你问他，莎士比亚是谁，他只知道是一名作家，甚至连一本莎士比亚著作的名字都说不出。

因为怕孩子出错，就替孩子做出自以为正确的决定，这是大多数父母剥夺孩子选择权利的理由，或者说是借口。那摆在面前的就有三个问题：第一，父母怎么确定自己的选择就一定正确呢？第二，即便孩子选错了，又能怎么样呢？第三，如果孩子始终学不会做决定，今后要怎么办呢？

很多父母总是过分担心孩子选择错误后，会引发不可预料的危害，但实际上，任何人都有可能犯错，孩子会，父母也会。既然父母也不一定是正确的，为什么不能商量着来呢？父母充分征求孩子的意见，并提出自己的建议，最终把决定权交给孩子。这才是健康的亲子关系。

或许有人会问，那孩子选择错误了该怎么办？儿童心理学家就曾经明确指出：孩子的成长需要试错，犯错是不可避免的，在青少年时期就接受挫折更能锻炼孩子的心理承受能力、随机应变的能力以及纠正错误的能力。中国有句老话，成名不怕迟，失败要趁早。这就是前人总结出的经验教训。

不要怕孩子选择错误，其实在这种时刻，更能体现父母的重要性。

即便孩子选择错误，父母完全可以站出来，告诉孩子、鼓励孩子：不要怕，错了咱们再来。没有人能够永远正确，人总是要经历挫折和失败，不能因为害怕失败和错误，就让孩子永远活在父母的羽翼下。

父母要改变"我永远没错"的错误心态

有一种控制型父母，是真的能让孩子感到无助、抓狂、崩溃的，那就是永远不会说"我错了"的父母。很多父母都特别认同儒家思想里"君君臣臣，父父子子"那一套，但是他们都错误地理解这句话，认为它的意思是"君要臣死，臣不得不死，儿子永远要顺从父亲，不可有二心"。实际上，这句话的真实意思是："君主要有君主的胸襟，臣子才能效命于他；父亲要关爱子女，子女才能孝顺他。"

不知道你是否发现一个规律：越是控制欲强的父母，越不会承认自己的错误。因为控制欲强，所以孩子的很多事情都由他们做决定，正是这个缘故，即便决定做错了，他们也只会不停地找理由，以此来证明不是自己的错误。

举个简单的例子。孩子在报考大学的时候，想要进法学系，但父母觉得法学系出来需要不停地参加司法考试，又担心孩子根本就做不成律师，就决定让他学习计算机，毕业后好找工作。而实际上，孩子虽然学的是理科，但数学成绩不算太好，所以学习计算机之后，他跟不上进度，需要补考。因此，他回家和父母抱怨了几句，觉得自己学习计算机太吃力了。没想到的是，父母非但没有鼓励他，反而劈头盖脸训斥他一顿，认为他在学校里肯定没好好学习，果然家长不在身边就放飞自我，等等。

孩子或许永远都想不通，为什么自己只是稍微抱怨一下跟不上进度，需要补考，就惹来父母那么大的反应，是因为他们觉得自己补考丢脸吗？根本原因就在于这个决定是他们做的，如果最终得不到好的结果，就等于他们不但没尊重孩子的意愿，还做了错误的决定，甚至有可能因此害了孩子一辈子。做决定的是父母，承受结果的是孩子，所以他们不能承认自己的决定是错误的，否则会背负耽误孩子一辈子的包袱。

世界上有永远不犯错的人吗？有永远都没错的父母吗？当然没有！然而，真正能够向孩子真诚道歉的父母太少见了，很多父母即便真的知道自己做错了，也不会说"对不起"。不是有那么一句话嘛，"穷尽一生，孩子都在等待父母说一句'对不起'，而父母永远都在等待孩子说'谢谢您'"。

作为父母，必须要实事求是，做错了就是做错了，为了面子反复强调自己没错，那个错误就能被抹杀吗？当然不可能，孩子小的时候自我意识并不清晰，但长大后会想明白，父母因为不愿承认错误，不愿意纠正错误，所以耽误了自己的人生，干涉了自己的人生，还把所有问题推给孩子。这样的父母还能得到孩子的尊重吗？

写给父母的一封信

　　我们都知道，人无完人。父母总认为，自己的面子很重要，自己的威信很重要，向孩子承认错误像什么样子呢？殊不知，很多亲子关系的悲剧都是从最开始的"嘴硬"发展而来的。

　　在《红楼梦》里有这样一幕：贾宝玉因为帮助蒋玉菡逃离王府而得罪了忠顺王爷，忠顺王爷派家丁到贾政面前告状。碰巧遇到贾环告黑状，说贾宝玉要强暴母亲的婢女金钏儿，害得她跳井。于是贾政就不分青红皂白把宝玉毒打了一顿。此时贾母赶来训斥儿子，替宝玉解了围。但仔细一想，贾母真的了解事情的经过吗？没有，她只是出于感情因素维护宝玉。事后，贾政有去调查事情经过吗？也没有。道过歉吗？更没有。所以书中就形容，贾宝玉见到贾政，就像老鼠见了猫。你希望自己的亲子关系也变成这样吗？

6　放开你的手，让他自己走

当孩子出生后，父母能够陪伴孩子的时间就已经进入倒计时。尽管亲子关系的时间往往长达几十年，但绝大部分父母都不可能陪伴孩子一辈子，正所谓："父母之爱子，则为之计深远。"孩子一天天成长，父母需要为孩子的未来考虑。

很多家长都说：我那么爱孩子，所做的一切都是为了给他铺垫出一个光明的未来啊！尤其是那些对孩子要求较高的父母，更是把现在所吃的苦，都当作孩子走向成功的必经之路。那么，摆在面前最关键的问题是，如果失去了父母的掌控和照顾，他能不能独自面对这个世界？

不要剥夺他们做家务的时间

有这样一则故事：古代一对父母特别溺爱儿子，不让他做任何事情，导致儿子什么都不会，就连饭都不会自己吃。有一天，父母需要外出几天，也不能把儿子带在身边，母亲想了一个办法，烙了一张特别大的饼，套在儿子的脖子上。这样一来，儿子饿了就能咬饼充饥。结果父母回来后，发现儿子还是饿死了，他脖子上的烙饼只吃掉了面前这一边，吃完后根本不知道要转一边接着吃。

这个故事用夸张的手法阐述了一个道理：要培养孩子独自生存的能力，不能溺爱其成"巨婴"。很多父母听完后都会心一笑，怎么会有这么蠢的孩子呢？无独有偶，有一年大学开学季，网上出现这样一则新闻：某大学新生不会吃鸡蛋，究其原因，他从小到大都没有住校生活，每天吃鸡蛋都是妈妈把蛋壳剥了之后拿给他，他自己去超市的时候也从来没注意过鸡蛋长什么样，所以不会吃鸡蛋。等到了大学，他才知道鸡蛋是有壳的，还是同学教他怎么剥鸡蛋壳，才把鸡蛋吃进肚子里。

很多父母总是认为，要衣不解带地照顾孩子的日常起居，要用尽心思烹饪一日三餐，要排除万难让孩子用心学习……只有这样才算得上是合格的父母。但这样做容易导致很多孩子成为生活的"巨婴"，他们分不清小葱和韭菜，不会使用家用电器，更不用说给自己做顿饭了。如果孩子很小，还可以说是为了保障安全；倘若孩子已经到了初高中，连方便面都不会煮，做父母的难道要替孩子张罗一辈子家务吗？还有家长认为，孩子的首要任务就是学习，做家务等于浪费了他们的学习时间。由此可见，很多家长都不清楚让孩子做家务能够锻炼孩子哪些方面。最直接的一点，便是锻炼孩子的动手能力，动手能力和逻辑思维也息息相关。

著名的心理学家皮亚杰说，儿童的思维是从动作开始的，切断动作与思维的联系，思维就不能得到发展。如果父母只关注孩子的精神培养而忽略了动手能力的培养，就等于在建造空中楼阁，是脱离实际的空想。很多学校的物理课和化学课，为什么会设置实验呢？就是为了让学生通过实验了解那些抽象的公式和理论。所以，不要以耽误学习时间为由剥夺孩子的动手时间，参与家庭生活，分担部分家务活儿，也会给孩子带来不一样的成长体验。

哈佛大学心理学家理查德·韦斯布尔德认为，做家务能增强孩子的同理心，让他们更懂得关心他人。不知道家长们有没有发现，一个从小就帮忙做家务的孩子长大后会主动询问是否有要帮忙的，而一个从小就不做家务的孩子长大后眼睛里看不到活儿，甚至心安理得地享受着长辈们的照顾，即便父母此时已经满头白发、驼了背，只要父母不开口，他就不会主动。这是因为从小到大他已经习惯了这种照顾，不会对父母的辛劳产生同理心，不会主动关心他人。

让孩子在精神上独立起来

除了在生活上要让孩子学会基本的生活技能，在精神上更要培养孩子的独立性。现如今，很多年轻人被贴上"妈宝男""妈宝女"的标签。想想看，一个已经成年的男士，有稳定体面的工作，但稍微遇到点事情就说"不好意思，我打电话问一下我妈""对不起啊，我妈不让我这么晚回家"，你还会觉得这位男士是有志青年吗？一个已经成年的女士，有个朋友想约她出去吃饭，她却回答"我妈说外面的食物都不健康，不让我在外面吃饭""对不起，我妈要求我每天晚上八点前必须回家"，你会觉得她是乖乖女，还是会觉得她很无趣？

为什么会有这么多"妈宝男""妈宝女"？是因为很多父母在孩子的成长道路上，始终没有切断喂养精神的"脐带"。其实，大学住校是一个非常好的独立黄金期，有些地区，为了应对繁忙的学业，要求高中生也必须住校。在住校期间，他们一定会遇到各种日常生活上、人际关系上的问题，也需要独自调整心理上的寂寞、委屈等情绪。但有些父母的举动是什么呢？一天一个电话，甚至一天几个电话，还有家庭条件不错的父母选择在学校旁边租房子，放下家里的一切来陪读，这种过分的保护，就是孩子变成"妈宝男""妈宝女"的根源。

意大利著名幼儿教育家玛利娅·蒙台梭利指出，教育应该引导孩子沿着独立的道路前进。因为人类的尊严是从一个人开始注重自我的意识中产生的。孩子的独立性是健全人格的基础，如果没有精神独立，更不用谈自尊、自爱了。

很多父母习惯当孩子的"拐杖"，甚至有的控制型父母会从中找到成就感和满足感。但你必须清楚，这种成就感和满足感的获取，是建立在你扼杀了孩子的独立性的基础上的，是不正确且不负责任的做法。

在孩子成长前期，父母可以引导孩子学习并掌握生存的技能，给予他们鼓励，但总有一个时刻，父母需要学会放开自己的手，让孩子走他该走的道路。

写给父母的一封信

你是不是总觉得，孩子还小，独立怎么也得是几年后、十几年后的事情？其实并非如此。很简单的道理，你能从一个几斤重的婴儿一口气吃成大胖子吗？当然不能。孩子不是突然间就能独立自主的，需要在日常生活里不断地锻炼他的生活技能，培养他独立思考、独立决断的能力。

第三篇

用放手的方式
让孩子学会独立

1　我都是为了你好！

如果选出一句父母最常说的口头禅，有一句一定榜上有名且名列前茅，那就是"我都是为了你好"。这句话的杀伤力有多大呢？它代表父母的唠叨要开始啦！他们能从小到大、从古至今、事无巨细地对孩子进行全方位、无死角的精神压迫。

天气冷了，父母能连夜翻出过冬的衣物，逼迫孩子穿上，孩子拒绝，父母就会说："我都是为了你好，你小时候也总是这么犟，到头来还不是病倒了？"

父母看你熬夜辛苦，炒了猪肝，你不喜欢吃，他们就会说："我都是为了你好，特意学做这道菜，你怎么还不领情？"

父母想帮孩子整理书桌，却不小心弄坏了孩子明天就要上交的作业，孩子生气、埋怨，父母会说："我也是为了你好，东西乱堆乱放，什么都找不见……"

只要父母说出这句话，无论孩子多有道理，孩子都只能乖乖闭嘴，忍下所有不快。

你的好，孩子需要吗？

我们必须先想明白一个道理，"对孩子好"的主体人是谁？实施者是父母，感受者是孩子。实施者和感受者立足点不一致的时候就很容易出现一种情况：实施者认为，你需要，你特别需要；感受者认为，我不要，我不想要，你为什么一定要逼着我要？

双方都承认的，才能称之为好。比如，父母认为，金子是好东西，得给孩子打个金锁，保佑孩子长命百岁。然而，这个孩子对金属过敏，稍微碰触就浑身起疹子。那这个好还合适吗？

这个案例能直白地说明一个道理：给孩子需要的才是真的好，无论是物质支持还是情绪价值。很多父母不明白这个道理，把自己弄得很辛苦，但孩子有苦说不出，稍微提出点意见，就会被父母说"我都是为了你才这么辛苦的，你怎么还不知足""我都是为了你好，你怎么能不领情"。长此以往，孩子还能感觉这是温暖的爱吗？

电视剧里常常有这样的剧情：一个母亲和儿子相依为命，母亲很要强，工作能力出众，儿子学习成绩优异，但母亲什么都要替儿子做决定，什么都帮着儿子做好，甚至为了更好地照顾儿子，拒绝了条件更好的工作机会。每次儿子提出什么想法，妈妈都否认，理由是"我这么做都是为了你好，长大后你就会懂得我的苦心"。直到最后，儿子愤怒地说："妈，那你能不能别这么为我好？我都要喘不过气了！"

几乎所有的孩子都不会抗拒自己需要的来自父母的好，如果孩子已经明显产生了抵触情绪，请父母先反思，这种所谓的好是否是孩子真正需要的好。

孩子不需要自我感动式的家长

在生活中，有一种父母让孩子特别头疼——自我牺牲式的父母。具体的表现是什么呢？明明家里不缺吃不缺喝，但每天不上桌吃饭，非说吃点孩子剩的就行；明明家庭不困难，每次给孩子买东西时都表现出"为了你我怎么都行"的悲情感；明明家里有很多家电，但就是不舍得用，非要给孩子手洗衣服，然后教育孩子要感恩……诸如此类，费时费力不说，还总是强迫孩子认同这种对他好的方式。网上将这类行为叫作"没苦硬吃""自我感动"。

曾经有个女孩在某网站上发了个帖子，内容是带父母旅游的所见所闻。女孩在读研究生期间，靠着导师的课题赚了一些钱。知道父母这辈子最大的愿望就是来北京看升旗仪式，女孩就订了天安门周边的旅馆，想借机带父母在北京多逛逛。结果父母来的第一天，看到订了旅馆就跑去前台询问多少钱一天，前台说现在是旅游旺季，每天的房费不到四百元。这已经是天安门周围性价比较高的一家了，女孩知道父母平时生活节俭特意选的。结果父母非说退掉房间，去女孩的合租房里挤一挤，女孩直接拒绝，因为她的合租房只有不到十平方米，平时她一个人都转不开身。在女孩的强烈要求下，父母只好在旅馆住下。之后在北京旅游的每一天，父母都会准备几个苹果、几个面包、一大瓶凉白开，女孩又渴又累，想带父母去全聚德吃烤鸭，父母却说，瞎花钱，这不是带面包和水了吗。最后，她用几句话总结了这次旅行："吃又吃不好，玩又玩不痛快。来没来北京？来了。享受到没？没有。"有网友说，可能是孩子刚开始工作，父母不想给孩子添负担，是不是家里没什么钱啊？女孩回复说："要是家里特别穷，我肯定不会抱怨，我家明明不穷啊，父母双职工，老家有两套房子。我的父母至于这样吗？"

为什么有些父母很容易陷入自我牺牲的情结中呢？归根结底，他们会不自觉地模仿自己的父母，要知道，在二三十年前，物资相对匮乏，老一辈人会把好吃的省下来留给孩子，孩子会特别开心，也会特别认同这种行为。但现如今呢？家庭条件得到了极大的改善，面对满桌子丰盛的菜肴，孩子还会认可父母这种自我牺牲的爱的表达方式吗？他只会觉得父母为了表达爱，没苦硬吃。在这种心态下，父母一边给予孩子并不需要的好，一边强调"我都是为了你好"，只会让孩子觉得莫名其妙。

而且，父母特别喜欢在脑海里先幻想出怎么牺牲自己来托举孩子，孩子知道父母的良苦用心后感动得热泪盈眶，但现实生活里，孩子不理解、不领情，让父母又有了可以批评孩子的借口——不懂得感恩。

父母需要改掉这种不健康的爱的表达方式，找到真正能够连接亲子关系的纽带，用孩子接受的方式，给予他需要的爱。

写给父母的一封信

"为了你好"可以是一句劝诫，也可以是一种束缚。父母可以用适当的方式、找到恰当的时机向孩子传递"为了你好"的情感表达，但不能用强迫的方式，让孩子背上"为了你好"的心理包袱。

2 别再说"不听老人言，吃亏在眼前"

俗话说："不听老人言，吃亏在眼前。"即便是现在，很多父母也会把这句话挂在嘴边，希望孩子相信自己说的都是对的。但已经有越来越多的孩子不再吃这一套。他们对世界、对社会、对人生有自己的认知，不需要父母再去传授所谓的大道理了。

父母或许会奇怪：为什么我们小时候，父母说什么，孩子就听什么，现在的小孩怎么就想法一大堆，不听长辈的话了呢？

老人言并不代表绝对正确

一些公益广告总喜欢设计这样的场景——父母苦口婆心地教育孩子，孩子岁数小并不理解，父母只能摇摇头，恨铁不成钢地说："不听老人言，吃亏在眼前！"孩子不以为意，直到有一天，真的吃了亏，再回想起父母说的这句话，终于理解了父母的苦心，跑回家和父母抱头痛哭，然后旁白打出一行字：那一刻，我终于理解了你。

所谓的老人言，是指言传身教的生活技能、生活经验和人生道理。在过去，普通老百姓上学机会并不多，很多人能稍微认得些字就够过日子了，所以特别依赖老人传授的经验和技巧。举个简单的例子，老人都会做几道拿手菜，等女儿长到十来岁的时候，老人就会一点点教她，希望等女儿嫁人后会做饭，不会因为这个事情被婆家说。嫁作人妇之后，婆婆又会把自己的生活技巧教给她，如怎么带孩子，怎么管理家庭开支，等等。因为过去很多人都没机会去学校，没有地方学到这些本领，所以只有听从老人言，才能把日子过下来。

现在，只要你想学，就有无数条途径摆在眼前：孩子可以通过上网掌握很多知识，从天文地理到化学物理，从课本上的知识点到做人做事的原则道理；他们可以听老师说，也能看着动画学，还能跟着同学一起学。因此，很多陈旧的、过时的老人言在他们听来，既没有营养，也没有用处，于是，老人言变成了唠叨、啰唆的代名词。

父母心里难道不知道这一点吗？为什么还要执着于让孩子听老人言呢？归根结底，是想通过让孩子听从老人言来获取因说教而带来的满足感。可能很多父母会反驳道："才不是呢，我每次磨破了嘴皮子讲道理，孩子不听，我那叫一个着急上火！"但这种着急上火并不是因为事情本身，而是因为说教后没有达到自己的期待。如果孩子表现出"爸爸，你说得对""妈妈，我懂了"的神情，你的内心是不是有极大的满足感？

每一个父母都是从孩子阶段走过来的，大可扪心自问：在孩童时期，你愿意听父母的老人言吗？你更愿意在什么时候听从父母的话呢？这就引申到下面的问题：父母要聪明地选择引导的方式。

对孩子的作为，给予正确的引导，而非过来人的指责

如果父母对用什么方式觉得困惑，不妨换位思考，想想自己小时候，愿意听谁说话、愿意怎么听人说话、愿意听什么样的话。换位思考，可以解决很多亲子关系的问题。抱怨自家孩子的时候，可以想象自己小时候有没有遇到类似的问题，当时的心态是什么。这样一来，你就可以找到真正的解题方法。

第一种方式，与游戏结合。当孩子年龄还小的时候，他们根本就不会理解老人言里的人生道理，只会觉得厌烦。但每一个孩子对玩具、游戏都是毫无抵抗力的，找一个适合的游戏，大人和小孩一起玩，在娱乐的轻松氛围里，找个合适的时机进行教育。

第二种方式，借助同龄人的案例。父母可以借小区里的新闻、学校里的见闻，把事实说给孩子听，用轻松的口吻表达自己的意图。

第三种方式，寻求权威人士。在前文中提到过，现在学习的渠道那么多，想学什么都可以，那就找个教学视频、纪录片，家长陪着孩子一起看，一边看一边讨论。孩子会觉得，我和妈妈或爸爸一起学习，这种感觉真好。

第四种方式，鼓励孩子自主选择，增强孩子的自主意识。家长可以采用孩子能够理解的方式，讲明每一种选择的优势和劣势，让孩子自己

去选，自己承担后果。

诸如此类的方式还有很多，这些都比干巴巴的老人言更生动、更有趣，无形中就抵消了孩子对说教的逆反心理。其实，很多小孩子成长到一定的年龄，都会形成基本的是非观。但家长总是觉得孩子没有判断是非的能力，必须接受自己的掌控，所以才会天天把老人言挂在嘴边，甚至为了让孩子听进去，用"吃亏在眼前"来威胁孩子。这种说教无疑也是控制欲的一种体现。

写给父母的一封信

有一种老人言是父母可以多说的，就是家风家训类的内容。因为家风家训一般都经过了历史的考验，涉及的是家族内部的榜样，如学习成绩出众的学霸、保家卫国的战士、救死扶伤的医生等。这些人对孩子来说是熟悉的、亲近的，家风家训不再是高高在上的说教，而变成了身边的案例。

老人言本身不是错误，父母采用什么方式才是关键。孩子的耐心是随着年龄逐渐增长的，对知识的需求是逐渐递增的。父母不能揠苗助长，在孩子根本就理解不了的时候，把老人言变成了唠叨，无疑会徒增烦恼。

3　与其对孩子说"学学人家"，不如鞭策自己

作为孩子，你一定听到过父母这样说："你们班级里那些考高分的学生都是怎么学习的啊，你多学学人家，别总想着玩！"

作为父母，你一定也对孩子说过这样的话："别一说你就找借口，班上又不是没有表现好的同学，你怎么不学学人家？"

"学学人家"已经成为父母的口头禅，常常挂在嘴边，即便小时候自己深受其害，但是等真的做了父母之后，仍然忍不住拿出来说。这是为什么呢？

打铁还需自身硬，给孩子树立典范和榜样

如果你问那些家长，为什么总是让孩子学别人，他们给出的理由往往是：促进孩子取长补短，培养孩子的竞争意识。但父母忽略了更重要的一点：孩子会因此而产生不平、委屈和嫉妒心理。

小时候，我们也曾无数次听到过类似的话。家庭聚会时，自己坐在沙发上玩手机，亲戚们都在闲聊，突然说起几个小辈的成绩，肯定会有相对优秀的，这时候，父母当着众人的面突然指责你不好好学习，就知

道玩手机，不如哥哥姐姐们努力。或者在公共场所里，你想让妈妈给你买个玩偶，旁边有很多和你年龄相仿的孩子，他们没有向自己的父母表达想要买某件物品的想法，妈妈就说，学习学不好，还天天想要这要那，看人家多懂事。这种情况下，你是什么心情？大部分人都会觉得父母不尊重自己、抬高他人，对于那些父母想让你学习的对象，你能心服口服吗？要么是不屑，要么是嫉妒，凭什么他们那么优秀？

那么，当我们成为父母之后，更应该遵循孩子的心理发展规律，过分强调"学学人家"，是在向孩子透露：父母更喜欢那样的，不喜欢你这样的。每当听到父母的这种评价，孩子会特别伤心和失落，认为自己做得不够好，没有达到父母的期待。次数多了，孩子会产生逆反心理，会对亲子关系的亲密性产生质疑，原来父母的喜欢是有条件、有门槛的，他们喜欢学习好的、懂事的、会做家务的，我不是那样的小孩，所以他们才不喜欢我。再多说，孩子会变得麻木，把父母的说教当作耳旁风，摆出一副"你爱说什么说什么，我就是这个样子"的态度。

可能有的父母会说："有些小孩就是很优秀，我希望我的孩子能向他们学习一下，那是榜样啊。"实际上，父母对子女有掌控欲，同样地，子女对父母也有占有欲，尤其是在多子女家庭，这种表现尤为突出。孩子会不自觉地希望父母多关注自己，甚至只在意自己。该如何让孩子找到榜样呢？答案是从父母身上找。

在某部影视作品里，女主角是一个优秀的广告设计师，她的母亲是一名出色的外科大夫。女主角在事业上屡受挫折，但依然坚持不懈，做出一套又一套方案，最终拿下了客户。她是怎么坚持下来的呢？有一次，女人觉得自己用尽了一切方法，就是不能让甲方动心。晚上下班回家后，她特别气馁，想要早点休息，却看到母亲仍然坐在书桌前聚精会神地看书。她走过去问妈妈在看什么。妈妈说，明天有一台很重要的手术，现在医学日益发展，她得补补课。女人想起自己小时候，每次成绩没考好，妈妈从来都不说她，而是鼓励她别放弃，就像自己一样，做医生的从来都不能放弃自己的病人，女儿是学生，也不能放弃自己的学习。女主角把母亲当作榜样，虽然没有学医，但母亲的学习态度深深地影响了她。这就是正确的榜样。

如果父母都不能做到的事情，还有什么资格对孩子说"学学人家"呢？举个简单的例子，父母都做不到早睡早起，又怎么能要求孩子养成良好的作息规律呢？父母都做不到努力工作、努力奋斗，又怎么能要求孩子好好学习，天天向上呢？只有父母自身的言传身教，才能让孩子在潜移默化中受到影响。

给孩子树立正确的竞争意识

有的父母认为，要让孩子自幼就培养出竞争意识，所以才会用"学学别人"这种方式让孩子认识到差距。然而，不恰当的方式只会让孩子错误地理解竞争的含义，把所有人都当成假想敌。

举个简单的例子，很多孩子都存在偏科的情况，有的是理科好、文科不行，有的是文科好、理科不行，还有的是数学好、物理不行，或是语文好、英语不行。老师会让同学们互帮互助，取长补短，共同提高成绩。这样一来，整个班级就形成了互帮互助的风气。但家长的态度是让孩子"学学人家"，会让自己的孩子认为，可以向别人学习，提高竞争力，但自己的优势可不能被别人学去，否则会有被他人超过的风险。如果每个学生都变成这样，互帮互助的风气不就荡然无存了吗？你的孩子甚至还有可能被同学当作自私自利的人，敬而远之。

父母的确应该培养孩子的竞争意识，但不能用这种贬低自身、抬高他人的方式。孩子的成长不仅是学习知识，更是树立自我意识的重要过程，他们需要好的成绩，需要别人的尊重，需要老师的夸奖，更需要得到父母的认可。

写给父母的一封信

想要让孩子正确认识自己，推荐采用纵向对比的方式，简单来说，让现在的他和过去的他进行对比。很多老师特别喜欢用这种方式来衡量学生是进步还是退步，为什么学生不会反感？因为参照对象就是自己。进步了，孩子会自豪和高兴；退步了，他们会更认真地寻找自身原因，从而找到提升的方法。

4 为什么你总是要求孩子懂事呢?

父母总是会拿"孩子懂事"向旁人炫耀。几十年前,人们的生活物资相对匮乏,孩子去商场、市集等地方,父母询问孩子想要买点什么,孩子说"我不要,还是把钱留着吧",父母就会特别欣慰,觉得孩子很懂事。

现如今,物质条件几乎得到了全面的改善,但父母仍然希望孩子特别"懂事",懂事了就代表家庭教育成功了。这是正确的教育理念吗?

得不到的永远在骚动,被偏爱的有恃无恐

懂事代表什么? 代表孩子压抑着自己的内心,表现出不符合这个年龄段的成熟,其中最典型的就是"穷人的孩子早当家"。他们不想做个无忧无虑的小孩吗? 当然想,但贫困的家庭迫使他们在小小的年纪便要考虑成年人才应该考虑的生存问题。

我们的国家在高速发展,现在的生活条件越来越好,"会哭的孩子有糖吃"的情况逐渐增多。电视剧《请回答1988》中,姐姐作为家里的

第一个孩子，很受父母宠爱，弟弟作为家里唯一的男孩，父母也十分溺爱，唯独老二德善备受父母忽视。家里买了一只鸡，两只鸡腿给姐姐和弟弟，德善就只能分到其他部位；每天早上妈妈只做两个荷包蛋，姐姐和弟弟一人一个，妈妈总说德善不喜欢吃荷包蛋，只爱吃豆子；就连过生日，德善因为和姐姐生日很接近，两姐妹共享一个蛋糕，但每次都是姐姐去挑，德善只是沾了姐姐的光；更过分的是，家里煤气泄漏，爸爸抱上弟弟，妈妈抱着姐姐，全都忘记了老二德善，要不是德善凭借自己的意志力爬出屋子，或许她就成了受难者……

在很多多子女的家庭里，"一碗水端不平"似乎成了常态，被父母忽视的孩子永远都被迫懂事：他们很小就学会了察言观色，通过判断父母的心情来判断自己今天过得是否顺利；他们会刻意讨好父母、长辈，希望通过表现得乖巧、懂事来获得他们的认可……看到这里，父母还会觉得懂事是好事吗？

当然，父母对孩子懂事的追求并不一定出现在多子女的家庭中，在一些生活氛围比较差的家庭中也是如此。生活氛围差，就等于父母不够包容，一点小事也会上纲上线，导致孩子被迫懂事。

懂事的背后，压抑了无数孩子的正常需求。在物质上，压抑了购买欲望，看到可爱的玩偶不敢买，看到漂亮的衣服不敢要；长大后，要么特别节俭，要么因为补偿心理而过度消费。在精神需求上，压抑了正常的情绪需求，不敢向父母表达自己的不满，害怕父母露出失望的表情，也不敢向父母提出需求；长大后，要么极度缺爱，在人际交往中过分谨慎，要么形成冷漠的性格，失去了同理心。

无论是哪个方面的欲望被压抑，对孩子的成长都是有百害而无一利的，做父母的不应该剥夺他们做小孩的权利，让他们过早披上懂事的外衣。

父母口中的懂事，只是从父母的角度出发

为什么父母会希望孩子懂事呢？最直接的原因是希望孩子能够听从父母的管教，减轻父母的负担，而这一动机是站在父母的角度，而非站在孩子的角度，从而引发了亲子之间的矛盾。

在某网站上，一位母亲讲述自己的孩子不懂事的故事。孩子马上就要升初中了，母亲答应孩子给他买一双新的篮球鞋，说 1000 元以下的鞋都可以。到了商场，孩子直奔某品牌，挑选一双价值 998 元的篮球鞋，试了试就决定要这双了。母亲觉得，品牌很多，这个品牌里也有 598 元、698 元的，为什么非得要这双 998 元的呢？于是，她极力向孩子推荐稍微便宜点的，但孩子说，自己一直在网上比对，就是喜欢这双 998 元的。最后，母亲虽然付了钱，但心里很不舒服，觉得孩子太不懂事了，明明有很多更便宜的，非得顶着上限购买，一点都不顾及父母上班赚钱有多辛苦……

对于母亲的烦恼，很多网友特别不理解，明明母亲先承诺了只要不超过 1000 元就可以，孩子顶着上限购买篮球鞋也没有超过母亲的预算啊。但也有很多做了父母的人说，孩子顶着上限购买，的确没有考虑家里的实际情况，也没有考虑父母赚钱有多辛苦，母亲难免会难过。

这个故事里的孩子被网友贴上"不懂事"的标签，原因无外乎两点：没有体谅父母的辛苦和不顾母亲的劝阻。为什么网友会分为两派？

因为网友不自觉地把自己带入了母亲或儿子的视角。代入母亲视角的网友认为，儿子没能体谅父母的辛苦，不想着帮父母减轻负担，反而顶着上限消费；代入儿子视角的网友认为，母亲都承诺了，为什么要出尔反尔，一点都不顾及孩子挑选篮球鞋时的期盼和热情吗？父母站在自己的角度，当然希望孩子懂事体贴，但有时也不妨站在孩子的角度，听听孩子的心声。

写给父母的一封信

作为父母，承担起一个家庭运行的重任的确很辛苦，但我们不能把这种压力转嫁给孩子，并且希望孩子看到自己的辛苦，从而愿意听从父母的管教、主动减轻父母的压力。这对一个孩子而言，太沉重了，无疑会成为孩子的心理包袱。

5 当孩子懂得反驳你时，你应该高兴啊

当孩子产生自我意识之后，会有什么表现呢？当他们看到别人正在做的事情是不正确的，就会直接指出来，而不会像成年人一样有所顾虑。即便这个人是自己的父母，他们也会直言反驳。

在很多父母看来，孩子居然会反驳自己了，要是放任不管，还了得？于是，只要孩子一反驳自己，就开启了教育模式，而教育的内容无外乎是"尊重父母""孝顺父母"等。孩子反驳父母就真的是不尊重、不孝顺父母吗？孩子反驳父母就真的是为了挑战父母的威信吗？

自主意识代表会自我思考

当孩子成长到三四岁的时候，会逐渐建立起基本的是非观，这也是自我意识的重要组成部分。最初，孩子学习和模仿父母的行为处事。等孩子再长大一些，上了幼儿园，看到了同龄人的行为方式，会逐渐养成自己的习惯，尤其是幼儿园老师会直接纠正孩子的错误习惯。在这个过程里，父母并没有意识到自己的坏习惯，但孩子意识到了，就会大声说

出来，比如："爸爸，这个你做错了，老师说不能这样做。"

这几乎是所有家长都会遇到的情况，他们会有两种截然不同的反应。一种是觉得欣慰，认为孩子长大了，有了自己的思考，即便他有些认知是错误的，也可以慢慢纠正；另一种是觉得生气，认为孩子不应该质疑家长，尤其是当孩子的认知发生偏差时，更是大肆指责。

如果这两种反应摆在面前，所有人都会认为第一种是正确的，第二种是错误的，但在实际生活里，能做到第一种的父母少之又少。这是人性，在面对质疑时，人的第一本能不是找自身问题，而是先否认、逃避，然后才是正视。

在儿童心理学家眼中，孩子知道反驳父母是他们成长过程的必要环节，即便是因为很小的事情。这至少代表了几个要点：第一，孩子已经开始独立思考，而不是盲从地听父母的话；第二，孩子已经拥有了自主意识，并且会勇敢地表达出来；第三，孩子的内心对父母并不存在惧意，证明亲子关系是融洽的、平和的。

需要说明的是，如果孩子做错事情，父母予以指正，但孩子强词夺理，拼命给自己找理由，并不属于这个范畴。值得父母注意的是，孩子究竟是在推卸责任，还是因为怕挨骂而找理由。如果是前者，自然需要父母加以约束和管教；如果是后者，父母需要反省自己是不是平时太过严厉了，导致孩子不敢直白地表达内心的想法。

要为勇敢反驳的孩子鼓掌，不要扼杀这种勇气

孩子反驳父母，是需要勇气的，因为对子女而言，在心理上对父母

有一种天然的尊重。举个简单的例子，现如今，针对老年人的诈骗案件逐年增多，那些明眼人一眼就看穿的骗局，子女再怎么劝说，还是有很多老年人上当受骗，白白造成经济损失。或者父母平时太过严厉，在家里说一不二，孩子也不敢阻拦，生怕背上"不孝"的骂名。

当孩子第一次反驳父母的时候，往往是一件特别小的事情，最常见的就是老师强调了某个好习惯，但父母恰恰是相反的，孩子就会指出来。在这个时候，父母一定要注意：正视错误、诚恳认错、积极改正、予以肯定。很多父母却对此不以为意。是的，父母只是一个角色，并不代表永远正确，不小心犯了小错误被孩子逮到，有错就要认、就要改，而不是板着脸说自己没错。如果孩子说错了，也不要劈头盖脸骂他一顿，而要逐渐引导孩子建立正确的是非观。

如果父母对孩子的反驳反应过度，会给孩子释放一种不良的信号：不能随便质疑父母。再长大一点，就变成不要随便质疑权威。或许很多人会觉得奇怪，这有什么不好呢？你可以这么理解，孩子失去了质疑父母、质疑权威的勇气，就好比成为父母和权威操纵的提线木偶，全盘接受父母的教导、权威的信息，根本就没有自我思考的意识，也没有提出质疑的勇气。

在孩子小时候，顺从的性格看不出有任何危害，甚至有些父母还会因为孩子失去质疑的勇气而沾沾自喜。但如果将视野放长远点来看，孩子的未来会变成什么样子？在父母面前，他们不敢质疑，即便明知父母犯了错，也因为害怕被责备而逃避问题；在权威面前，他们也不敢质疑，即便找到了新的研究方向和发展方向，也因为害怕而不敢前进。让孩子变得畏畏缩缩的，不是现实中的困难，也不是前进时候的阻力，而是在这之前父母制止孩子的质疑在他幼小的心灵里种下了一颗胆怯的种子。

该如何正确应对孩子的质疑呢？无论孩子提出的质疑是对是错，都首先要肯定他敢于质疑的勇气，也可以多讲述一些因为敢于质疑权威而取得关键性进步的科学家的小故事，让孩子知道，只有实践才能得到真理，并且所谓的真理也会随着时间的变化而变化。在教育过程中，既可以培养孩子敢于质疑的勇气，也可以培养孩子良好的性格。

写给父母的一封信

孩子在父母面前的态度，取决于父母对待孩子的态度。如果父母比较严厉，孩子就不敢直白地表达自己的观点，会隐藏自己的真实意图。如果父母比较包容，孩子就可以做真实的自己，说出自己的真实想法。这个教育原则适用于很多场合，因此，父母不能总是表现出强势的一面，让孩子敬而远之。

6 你以为的激将法，只会把孩子推得更远

　　每当孩子遇到挫折而灰心丧气的时候，或者孩子遇到困难不知所措的时候，父母会采用多种方式，目的都是想要激发孩子的斗志，让孩子重新振作起来。但有一种方法，父母需要慎用，那就是激将法。

激将法的本质是在消耗孩子的尊严

　　激将，顾名思义，就是利用对方的自尊心和逆反心理，以刺激的方法，来激发对方的斗志。但是激将法的刺激性太大，即便是对一个成年人而言，都有刺激过重的风险，更何况是对一个未成年的孩子呢？

　　举个简单的例子，在销售岗位上，很多领导特别喜欢用激将法训斥员工："你是咱们公司业绩最差劲的销售员，你应该怎么证明你自己有能力？"或许这名销售员能够"知耻而后勇"，努力拓展自己的业务，争取提升销售额，即便领导说的话过分，他也不会有太多的埋怨，这只是工作而已。但如果父母指着孩子说："家里供你吃、供你喝，就是希

望你能好好学习，考试考出好成绩，你看你考了多少分？"孩子听了这些会是什么反应？会不会觉得父母在侮辱自己，会不会认为父母太过分了，会不会感到自尊心受到了严重的伤害？

实际上，心理学家并不鼓励对青少年使用激将法，因为激将法的本质是为了达到目的，打磨他们的棱角，刺激他们的自尊，让他们"知耻而后勇"。对于青少年来说，尊严是非常重要的，甚至是最重要的。父母认为自己是在激发他们潜在的能力，但在他们眼中，父母就是不尊重自己、不在意自己。这么一来，激将法适得其反。

即便是在父权如天大的封建社会里，父亲使用棍棒教育，也是在孩子犯了错之后严厉惩罚，而不会采用激将法。"激"注定是非同寻常的、激烈的，青少年心智尚不成熟，分不清激将法和辱骂，他们只会感受到自己的尊严被父母践踏。长期在这种环境中生活和成长，他们只会越来越消极，而不会产生父母期待的"知耻而后勇"。

如果爱孩子，请慎用激将法

父母特别喜欢望子成龙、望女成凤，很多人自以为是各个行业的精英，他们不能接受平庸的孩子。其实精英教育孩子的方式往往是多元的，会按照孩子的性格、特点选择合适的教育模式。那些希望孩子能青出于蓝而胜于蓝的父母会特别喜欢强调"争气"，所以他们常常会说"如果你不努力，就会没出息"，这就是一种激将法。

在孩子自我意识没有觉醒之前，他们会对父母言听计从，也不会有过多的思考。但当他们的自我意识觉醒后，见识到了更多的人和事，他们就会主动思考：为什么我的父母和别人的父母不一样？为什么我的父母要特别辛苦才能赚到养家的钱，还被人瞧不起，别人的父母就能赚很多钱，就连老师都特别尊重他们？为什么我的父母总是强调养活我不容易，别人的父母就从来不说这样的话？……

孩子是会有攀比心的，动画片《哆啦A梦》里就有这样一个情节。大雄、静香、小夫都和自己的妈妈闹了矛盾，他们聚在一起抱怨自己的父母，夸赞对方的父母。哆啦A梦一看，说这个好办，可以把彼此的父母互换一下。于是乎，大雄去了静香家，小夫去了大雄家，静香去了小夫家。结果呢？大雄原本觉得静香妈妈很温柔，但没想到在教育孩子的时候她总是诉苦，让大雄产生愧疚心理；静香原本觉得小夫妈妈见过世面，但没想到在教育孩子的时候她采取打压的方式，让静香压力倍增；小夫原本觉得大雄妈妈特别包容，但没想到在教育孩子的时候她唠唠叨叨，嗓门特别大，让他烦不胜烦。

这一情节充分说明了一件事：孩子也会在内心给自己的父母打分。孩子知道父母的不足吗？知道。孩子能接受父母的不足吗？能。那么，孩子能接受自己的父母拼命打压自己吗？不能。他们会不由自主地想：父母天天贬低我、辱骂我，希望我知耻而后勇，可父母也没有强到哪里去啊，他们有什么资格说我呢？他们又比我强到哪里呢？他们都能接受平凡的自己，为什么一定要求我变得强大？

除了上述理由，激将法还有一个特别明显的弊端：它可能在某个关键时刻管用，但时效是非常短的，也就是在孩子最初听到那些话的几天内有一定的激励作用，时间长了，激励作用会逐渐递减，直到消失。父母不可能天天刺激孩子，所以不要轻易使用激将法，那样容易让孩子越来越反感，从而把孩子推向更远的地方。

写给父母的一封信

很多父母有这样一个误区，认为激将法和激励法是一样的。实际上，为了激发孩子的斗志，这两种方法采取的措施是截然相反的：激将法靠刺激和打压，激励法靠表扬和寻找优势。孩子的心智尚未成熟，心理承受能力也没有成年人那么强，并且施压者是自己最信任、最亲近的父母，所以激将法不应该被父母拿来当作教育子女的法宝。

第四篇

用轻松的心态
化解孩子的不安

1 孩子控制不住大哭大闹，你会忍不住大吼大叫吗？

所有孩子都有一段"小魔王时期"，多发生于 3~5 岁。在这段时间里，父母都怀疑，孩子的主要任务就是和父母唱反调。父母强调在公共场合不能大声喊叫，他们答应得好好的，但到了公共场所就开始放飞自我，不光大吵大闹，还横冲直撞，惹来路人不满。

面对根本不听劝的"小魔王"，你是怎么处理的呢？是放任不管冷处理，还是和他来一场较量？

孩子也是会看人下菜碟的

很多家长都觉得奇怪，为什么孩子在家里还是"小可爱"，到了公共场合就变身为"小魔王"呢？最关键的有两个原因：过度兴奋和失控的情绪表达。

孩子到了一个全新的环境，并且这个环境里的人相对多一些、气氛热闹一些，难免会表现得异常兴奋，从而无法控制自己的行为。如果这种情况过于明显，很有可能是因为孩子到这种场合的机会较少，与外界接触太少。很多隔辈的老人在照顾孩子的时候格外仔细，为了防止孩子磕着、碰着，很少带孩子去公共场合，最多也就是在自家小区的花园里散散步。父母想要解决这个问题，可以多带孩子去社交场所增长见识，见得多了，自控力就可以得到提高。

如果孩子还没有学会如何控制情绪、正确表达情绪，只会遵从本能地大喊大叫，即便父母严厉地制止也毫无作用。因为在兴奋度达到一个很高的数值时，他完全沉浸在自己的世界里，根本听不进去旁人的话。因此，父母在平时就应该教给孩子如何正确地表达情绪。

为了应对孩子在公共场合大吵大闹，家长需要先稳住自己的情绪，不能被孩子和周围人的情绪所影响。诚然，孩子在公共场合制造噪声和麻烦是一件让人烦躁的事情，很多家长都会立刻阻止或安抚，但这很有可能会让孩子找到拿捏父母的方式，故意而为之。父母可以先把孩子带离公共场合，询问孩子的意图，并且告诉孩子："在公共场合，大喊大叫制造噪声，别人不喜欢也不欢迎你，如果你想继续去里面玩，就答应我，不能再大喊大叫喽。"这样一来可以阻断孩子继续大吵大闹的行为，为了能够继续去玩耍，孩子也会稍微控制一下自己的情绪。

来，我们来玩"一二三，木头人"吧

如果孩子在家里大喊大叫呢？这时候，家长需要先查看孩子是否有需要关注的问题。孩子不太会正确表达自己的情绪，所以只能借助哭泣、大喊大叫等方式。比如，大人觉得苦闷了，可以寻找其他娱乐方式来调节自己的状态，但孩子不会，他不知道为什么自己会不开心，想要通过哭闹来寻求家长的关注。再比如，孩子玩腻了玩具，觉得很无聊，又不知道该怎么和父母表达自己的情绪，也会大哭大闹。

如果不是在公共场合，父母确认孩子安全之后，也需要根据不同的情况来应对。孩子因为无聊、烦闷等情况而哭闹，家长可以采用转移注意力的方式，比如玩亲子互动的游戏。在互动的同时，如果能带孩子换个环境，也是一个不错的选择。

在网络上，有个母亲分享了自己的方法。每当孩子大喊大叫的时候，她就露出特别期待的表情说："宝贝，妈妈很无聊，陪我玩游戏好不好？"孩子瞬间就被吸引了注意力，问："玩什么？"妈妈说："我们来玩'一二三，木头人'好不好？"孩子肯定会很好奇地问，什么是"一二三，木头人"，妈妈就告诉他专门为孩子制定的游戏规则：参加木头人挑战的孩子不能说话、不能大叫，尽量保持一个姿势定住，直到参赛者提出我要变回正常人。然后计算挑战的时间，超过十分钟为"优"，超过五分钟为"良"，如果连五分钟都没有，就只能是"差"了。孩子争强好胜，特别认真，和妈妈说自己一定能赢。果然，家里瞬间就安静了，孩子不再大喊大叫，假装自己是木头人，最终达到了"优"。这位母亲通过改良的游戏规则，让孩子配合自己，达到安定孩子情绪的目的。与孩子一起玩"一二三，木头人"的游戏吧，最后记得再给他一些小奖励哦。

写给父母的一封信

父母想要让孩子停止大喊大叫并改正这种不良习惯，其实有很多种方法，有的是转移注意力，有的是讲道理。但有些家长错误地认为，在孩子情绪失控的时候，只要晾着他就可以让他的情绪稳定下来。实际上，孩子的情绪或许可以稳定下来，但同时降低了亲子之间的亲密、信任程度，他们会认为：爸爸妈妈不爱我、不在乎我、不重视我。

2 孩子故意拖延时间，你要怎么应对？

几乎所有孩子都会故意拖延时间，这一举动往往发生在面对自己不想做的事情时，最常见的就是不愿意去幼儿园、去学校、去写作业等。很多父母都在抱怨，奖励的方法用过了，孩子把糖衣吃掉，又把炮弹打回来；惩罚的方法也用过了，不让他吃零食，不让他看电视，但什么用都没有。

临时抱佛脚，自是无用功

为什么父母的很多方法都没有用呢？因为没有形成规矩，更多是为了解决问题而临时设定的。我们先来假设一下孩子的拖延行为是什么，再来还原一下父母是怎么应对的。

孩子该去上学了，闹钟是早上七点，出门时间是早上八点，八点半要到学校。早上七点了，父母轮番去叫孩子起床，孩子就是不起。直到七点半，实在不能拖了，父亲直接抱着孩子去卫生间，让他赶紧洗漱。孩子从卫生间出来已经七点五十了，还剩下十分钟，父母只好催着孩子赶紧吃早餐，然后匆匆忙忙出门，一路上，还不停数落孩子："让你早点起，早点起，非不听，每天早上送你去学校都跟打仗似的……"

孩子放学回家该做作业了，老师留的作业一般能在一个小时到一个半小时内完成，如果回家就写，写完作业正好吃晚饭。但是孩子回家后只想先看会儿动画片，父母催促了好几次，孩子说："我在学校累了一天了，先看会儿动画片，换换脑子。"动画片看完了，晚饭吃完了，父母提醒他该做作业了。孩子拿出作业本，刚要开始写作业，又说想吃水果，一会儿又说想吃零食……好不容易都满足了，孩子终于可以好好写作业了，已经晚上九点了，写完作业、洗漱完毕，准备睡觉时已经晚上十一点左右了。孩子总是抱怨自己睡眠不足，父母总是训斥孩子不抓紧时间，实际上，有效学习的时间只有临睡前的两个小时。

孩子为了拖延时间，能够想到千奇百怪的借口，去厕所、口渴、饿了这些还是小儿科，还有的甚至假装身体不舒服。为什么会这样呢？

首先，孩子拖延时间的根本原因是懒惰和逃避。在孩子的软磨硬泡下，很多父母觉得这些都是无伤大雅的小事，早做晚做都一样，就妥协了。于是乎，聪明的孩子就抓住了父母的这种心态，一次又一次用同样的方法达到自己的目的。

其次，孩子并没有因为拖延时间而受到过真正的惩罚。无论是熬夜写作业，还是上课迟到被老师批评，这对孩子来说都不算惩罚，时间久了、次数多了也就不当回事了。

最后，家长自己本身也是"拖延症患者"，还怎么好意思去要求孩子呢？在生活中，很多成年人都会故意拖延时间。比如，妈妈让爸爸赶紧去把饮水机的水桶换了，爸爸嘴上答应着"马上就去"，实际上自己坐在沙发上玩手机，要么妈妈看不下去给换了，要么爸爸自己渴了想喝水才给换掉。要知道，父母的言传身教才是孩子最好的榜样，孩子把父母的懒惰看在眼里，自然会模仿父母的做法。

一个习惯的养成需要 21 天，破坏它只需要一瞬间

想要彻底解决孩子故意拖延时间的问题需要家庭成员全方位配合，不是光严厉批评、说教就能够解决问题的。在网上，有这样一段视频：小姑娘磨磨蹭蹭不肯吃早餐，牛奶一小口一小口地抿着，鸡蛋壳慢悠悠地剥，任由妈妈在旁边说"去幼儿园要迟到了，你快一点"也无动于衷。妈妈忍无可忍，一把抢过鸡蛋塞进嘴里，牛奶也一饮而尽，然后抱起孩子就往外走，边走边说："不想吃就给我吃吧，你赶紧给我去幼儿园。"然后传来女孩的哇哇大哭。

这位母亲的做法的确反其道行之，让孩子知道妈妈的底线是按时去

幼儿园，孩子可以慢慢吃早餐，但重要的是按时出门不迟到。可是这种做法的弊端在于：孩子能理解吗？她是不是只会认为妈妈很凶？

想让孩子不拖延，首先，必须让孩子认识什么是时间。对于年纪比较小的孩子来说，时间是一个很抽象的概念，家长说多少遍"时光过了不再来"，他们都无法理解。你可以这样尝试：让孩子体验时间到底是什么。比如让孩子盯着手表看，过了五分钟后，告诉他，这五分钟过去了，不会再回来了。或者借着孩子比较高兴的日子（比如生日），让他懂得时间过去就不会再回来了。

其次，有意识地培养孩子的时间观念。等孩子知道时间的珍贵之后，再帮助他制订一个作息计划，不需要太过严格，可以宽松一点，但必须让孩子知道底线在哪里。比如，孩子可以赖床，但上学不能迟到，没有时间吃早餐就只能在路上对付两口，没有时间洗漱就只能去学校里解决。值得注意的是，这个作息计划无须精确到分秒，让孩子感到窒息，而是要有一定的弹性，有一个容错的范围。

最后，要和孩子商量出一个双方都认可的惩罚措施。这里所说的惩罚不是家长的批评，也不是哭哭啼啼的道歉，而是实打实的惩罚。比如，全家人都参与了作息计划，谁违反了，谁就要做家务、扣除零花钱，并且把扣除的零花钱放在公共账户里，当作给其他遵守作息计划的家人的奖励。这样一来，父母也必须做好，起到榜样作用。

写给父母的一封信

孩子故意拖延时间，父母的批评教育和大声呵斥都不能从根本上解决问题，反而会让孩子觉得父母太暴躁了，自己不过是晚一点做作业，他们就这么大反应。时间久了，还容易让孩子产生逆反心理，更不利于教育。

③ 孩子故意出洋相，你会控制不住责骂他吗？

儿童是一个情绪格外外露的群体，他们不高兴了就又哭又闹，高兴了就手舞足蹈，这些是父母比较能够接受的表达方式。但有一种，父母会比较抵触，就是孩子故意出洋相，做出让父母觉得丢脸的事情。面对这种情况，你该如何应对呢？

或许孩子只是想让你开心呀

电影《被嫌弃的松子的一生》中的女主人公松子有一个招牌动作：挤眉弄眼做鬼脸。松子的原生家庭并不幸福，因为妹妹生病，爸爸只关注妹妹，几乎忘记了自己还有个大女儿松子。一次无意中，松子冲着父亲做了一个鬼脸，成功地逗笑了爸爸，之后便一发不可收，她开始不分时间、不分场合地做鬼脸，即便已经大学毕业，仍然喜欢做鬼脸。直到父亲说"别再这么做了，很傻"，松子才明白，原来四五岁可以做的鬼脸，到了十七八岁就不能做了。

首先，父母要清楚，孩子小时候的脑海里是没有"什么行为会被定义为出洋相"这个概念的，需要父母的教育才能让他懂得。举个简单的例子，孩子上厕所小便是正常的生理行为，但在大庭广众之下，孩子直接脱裤子小便就是不正确的行为。如果父母教育不得当，孩子会以为，可以把当众小便当作玩笑去戏弄别人，并以此为乐。

其次，孩子做出被定义为出洋相的举动，可能是因为他们需要别人的关注，又不知道能够通过什么行为表达出来，就只好用这种令大家瞠目结舌的行为来达到目的。这说明，父母平日对孩子的关爱比较少，孩子已经处于缺爱的边缘。

最后，如果只是无意为之、无伤大雅的举动，如怪叫、模仿小动物，孩子只是想用自己的方式逗别人开心，家长不需要太过紧张，也不用过分纠正。但值得提醒的是，任何行为都应在不影响他人的前提下进行。

面对孩子丢脸的行为，家长切忌让他重复记忆

很多家长都有一个错误的举动，会无意识地加重孩子对错误行为的印象，那就是反复提及。比如，孩子在大庭广众之下出了一个小小的洋

相，父母觉得特别有趣，就用手机拍摄下来，回到家后，不光把视频发给家人观看，还拉着孩子一起观看，并且不断地哈哈大笑。如果孩子是一个能够敏锐捕捉情绪的人，他就会意识到，父母是在笑话自己，他会对这种行为产生抵触情绪，今后会极力避免这种可能引起旁人笑话的举动。如果孩子是一个对情绪不怎么敏感的人，他可能会认为父母这样做是因为自己做得很好、很正确，这种行为能够逗别人开心，他今后可能会在更多的场合、面对更多的人做同样的举动，就像电影里的松子一样。

孩子小的时候，并不懂洋相是什么，会错误理解旁人对他这个举动的反应，但家长应该教育他，在什么场合应该做什么，不应该做什么，应该说什么，不应该说什么。毕竟，孩子如果表现得太过跳脱，最终也要承担洋相带来的后果，轻则别人会说孩子不懂事，重则别人会说孩子哗众取宠，不懂得是非对错。

写给父母的一封信

当孩子说了不该说的话、做了不该做的事情，在大庭广众之下出了洋相，该教育必须要教育，不能笼统地用"童言无忌""孩子还小"当借口。毕竟，孩子一天天在长大，有些行为需要被约束。

4　孩子沉迷电子游戏，你会忍不住拍桌子吗？

　　你的孩子是个网瘾少年吗？他是重度游戏爱好者吗？他有没有因为沉迷电子游戏而耽误学习、耽误成长，小小年纪就戴上了厚厚的眼镜？

　　相信这是摆在很多家长面前的一大难题，毕竟电子游戏现在太火爆了，有太多孩子因为沉迷电子游戏而耽误了自己的人生。那么，作为家长应该如何应对呢？

与其做一对互相抱怨的父子，不如变身携手作战的队友

　　如何让孩子远离电子游戏，相信很多父母第一时间都会说"找一个别的游戏转移孩子的注意力"。实际上，如果孩子已经沉迷在电子游戏中，其他游戏在他眼里已经没有吸引力了。这时候，你要做的不是阻止他，而是帮助他控制游戏时间，降低他的沉迷程度。

　　在很多家庭里，父亲也经常会玩一些电子游戏，为什么就不让孩子玩呢？因为担心伤害眼睛、浪费时间、消耗斗志，在孩子听来这些理由

和借口没什么区别。既然孩子不接受，不如大家结盟做个快乐的玩伴。

挑选一个全家都玩的电子游戏，拉起擂台赛，父子之间、母子之间来一场酣畅淋漓的大比拼，孩子玩得痛快，父母再趁着这个机会和孩子约法三章：玩电子游戏必须父母陪同，和父母组队，以此来防范网络上专门欺诈青少年的犯罪行为；每个周末挑选出一个时间来进行游戏，父母和孩子缺一不可，这样做也能够增进家庭的亲密程度，让孩子对家有归属感，同时让父母感受到养育子女的快乐；孩子不能私自给游戏充值，如果想要充值必须征得父母同意，即便是用自己的零花钱，也应该先问问父母，避免孩子被不良游戏所引诱。

其实，孩子不是绝对不能接触电子游戏，在父母的陪伴下，电子游戏不过就是一种正常的娱乐项目。很多孩子沉迷在电子游戏中无法自拔，有一个很大的原因是他们在现实生活中缺乏父母的陪伴和管教。父母总是以自己在忙工作为由，很少陪着孩子，等到孩子已经在电子游戏里找到了存在感和成就感之后，他们又跳出来批评孩子，这种行为当然会引起孩子的逆反心理，很不可取。

限制时间、限制条件，让游戏成为给孩子的奖励

如果父母不是电子游戏的玩家，要如何约束孩子无休无止的游戏欲望呢？那么就直接跳到约法三章的步骤，明确说明玩电子游戏的限制时间、限制条件。

比如，孩子喜欢玩某类网游，父母可以规定时间：每天晚上完成作业之后，可以玩半个小时；每周末完成作业之后，可以玩一个小时；如

果因为拖延导致作业没有做完，那就不能玩游戏。还可以限制条件：如果期中考试成绩比之前有所进步，父母可以给孩子购买一款由他们挑选的电子游戏，或者孩子需要的其他游戏奖励；如果成绩有所退步，孩子就必须接受惩罚，缩短游戏时间，或不能购买新的游戏。

这样做，让孩子知道父母反对的不是游戏本身，而是不良的娱乐习惯。在很多青少年儿童心里，总是认为父母特别反对自己玩电子游戏，父母是冥顽不灵的老古董，甚至因此而产生叛逆心理。父母不再约束孩子玩电子游戏，更改为想要玩游戏就要达到某些条件，让孩子用自己的行为来换取好好玩游戏的权利，那么孩子玩电子游戏便不再成为许多家长的心病。

值得注意的是，父母不能出尔反尔，让孩子觉得父母是在欺骗自己。如果孩子没有达到要求，父母也不能破例同意，要让孩子养成懂规矩、守诚信的好习惯。

写给父母的一封信

电子游戏能够发展到现在的规模和水平，并且成立了职业联赛，甚至有一些年轻人以此为事业，就说明电子游戏本身并非洪水猛兽，如何教育孩子正确看待电子游戏、如何正确地玩游戏才是重中之重。如果父母前期不管教，后期总批评，并不会赢得孩子的信任，为逃避指责，孩子反而会对电子游戏越发沉迷。

5　孩子在公共场合捣乱，你要怎么管?

在公共场合，有的孩子脾气一上来，会采用捣乱、破坏的行为来表达自己的不满，无论家长如何管教都不起作用。

举个简单的例子，在超市里，孩子想要购买一个玩具，家长说"家里的玩具太多了，都要放不下了，不能买"，孩子听后非常不满，把超市货架上的毛绒玩具全都拿下来扔到地上。路过的顾客纷纷看了过来，小声说"这个孩子怎么这样"。面对这种情况，你一般是怎么解决的呢?

在这种时刻呵斥孩子，只会刺激孩子

在公共场合，面对这种突发事件时，很多家长的脾气都会变得暴躁，会不自觉地把怒火撒在孩子身上，比如大声斥责: "我在家里是怎么教育你的? ""我都说了，在外面不能做出格的事情，你怎么就是不听呢? "

家长这么做的目的是什么呢? 是逃避路人的指责，生怕别人说他是

熊家长。为了表明自己对熊孩子也是有管教之心的，家长往往会采取用力过猛的方式。这样做有用吗？没用，甚至会引起孩子的逆反心理。

如果我们从孩子的视角看待整件事，事情的走向可能是这样的：我想买一个玩具，跟妈妈提出请求后被妈妈拒绝，我觉得很不开心，所以就顺手把玩具扔到地上，然后觉得还不过瘾，又扔了几个。这时候，我听到旁边有叔叔阿姨在说我是熊孩子，我很害怕。妈妈突然大声斥责我，让我觉得她很陌生。明明是你没有答应给我买玩具，我才没控制住自己的脾气的，现在你还这么大声地骂我……

说实话，我们都是从小孩子的阶段过来的，在这种情况下，有多少孩子能够主动反省自己的问题，而不是找各种理由为自己开脱呢？因此，面对这种情况，家长不能再给孩子施压，让孩子情绪崩溃，而要采取合理的方式来解决问题。

一边给周围的人道歉，一边等待孩子情绪稳定

如果只是在公共场合捣乱，并没有安全隐患，家长最好的解决办法是：先给周围的人道歉，因为孩子的行为影响了周围的人，但这不是让人无法忍受的噪声攻击，可以不用强行将孩子带离公共场所，以避免激怒他。然后在一旁等待孩子彻底稳定情绪后，再给他讲道理。稳定情绪的过程其实就是孩子发泄情绪的过程，在条件允许的情况下，父母可以给他释放的空间。最后，和孩子一起收拾残局，还要让孩子知道捣乱是要付出代价的，但父母爱你，愿意和你一起承担。

有些父母会说，孩子捣乱的那个瞬间，自己的火噌的一下就直冲脑

门，哪里还会想到那么多呢？这的确就是很多家长不能正确应对突发情况的根本原因。有些家长选择妥协了事，只要孩子不再捣乱，想买玩具，大手一挥，买买买，那下一次孩子还是会用这种方式逼迫父母以达到自己的目的；有的家长选择大声呵斥、强行带走孩子，这样一来，孩子不会认为自己的捣乱行为是错误的，反而会埋怨父母不能满足自己的要求。

在很多视频网站上，经常能看到新生代父母教育子女的方式：孩子赖在玩具店门口不肯走，父母就坐在旁边的座椅上，只要确保孩子安全，该玩手机玩手机，几分钟之后，孩子就自己爬起来了。其实，这也是一种处理方式，家长可以多学学。

写给父母的一封信

孩子在公共场合捣乱和在公共场合大喊大叫不同，可以适当地采取合理的方式，让孩子主动学会控制情绪、调节情绪以及承担后果。孩子都是很会领悟父母的意图的，如果父母的态度不够坚定，孩子会得寸进尺，今天要一个玩具，明天要另一个玩具。如果父母的态度是遵守规则、坚持原则，过不了多久，孩子就会因为忍受不了外人的指指点点而偃旗息鼓。

6 孩子说脏话，你会不会同样大骂？

小孩子的模仿能力非常强，电视剧里演什么，他们很快就能学会。有些话，孩子说得不恰当，家长最多就说一句"童言无忌"，但对于孩子说脏话，很多家长都不能容忍。应该怎么做才是最好的呢？

切记不要加深孩子对脏话的印象

电视剧里很多人物都会说脏话，甚至有些角色为了表现出流氓本色而脏话连篇，这些角色都有比较鲜明的特征：流里流气、文化程度较低等。在没有形成正确的是非观之前，孩子很容易被这些外在形式所吸引。最典型的就是，很多小孩子在看完有关抗日战争的电视剧后，都会学其中日本兵说的话，这就是孩子的模仿天性。

当然，也有些孩子模仿的话是非常难听的，尤其是对着自己的父母说脏话，的确是非常不妥当的，但有的家长的反应着实有些过激了。例如，有些父亲在第一次听到孩子说脏话后，直接拍案而起，大骂："小子，我看你是皮痒了吧！"

实际上，孩子对脏话并没有清晰的认知，他们甚至都不知道自己错在哪里。正确的做法是，要告诉孩子，这句话是不好的，好孩子不该说这种话，你看，电视剧里也只有坏人才这么说，好人不会说这样的话。

值得注意的是，在教育孩子的时候，自己要克制情绪，注意语气，不能说脏话，不然只会加深孩子对脏话的印象，今后孩子在家长面前不说了，反而跑到外面对其他小伙伴说。

不要给孩子树立不好的榜样

可以这样说，很多父母在孩子面前并不十分注意自己的言谈举止，在无形中，就成了孩子的不良榜样。有些人说这叫不拘小节，实际上，当你想再去教育子女的时候，他们心里会想："你自己都不能以身作则，还好意思来教育我？"

说实话，孩子对父母的态度并不像士兵对将领那样绝对服从，尤其是青春期的孩子，叛逆展现在方方面面。从父母的言谈举止到父母的为人处世，孩子会处处挑刺，并以此来表明自己叛逆是合乎情理的。

因此，父母在子女面前，需要以身作则，让孩子从心里认可自己、尊敬自己，这样他才愿意服从教导，而不是表面一套，背地里一套。一旦孩子有了应付父母的心态，那所有管教都会大打折扣。

写给父母的一封信

说脏话骂人，不过是外在形式的模仿，如果孩子有些不正确的言谈举止，家长只要发现了苗头，就应该及时纠正；不要等到孩子已经养成了语言习惯，并且将这些不良行为当成独特个性的资本之后再去纠正，那样就晚了。

7 孩子不愿意学习，你该怎么管？

对于很多孩子来说，学习是一件苦差事，他们无法从学习中收获成就感和满足感，所以会不由自主地想要逃避。有些家长会采取"赶鸭子上架"的方式，逼迫孩子坐在书桌前，盯着课本死记硬背，结果就成了许多人所见到的场景：不学习时母慈子孝，一学习时鸡飞狗跳。想要解决这个问题，关键在于激发孩子的内驱力，让他主动去学习。

先了解孩子不爱学习的心理

人们常说："爱好就是最好的老师。"当一个孩子对某个方面产生兴趣，不用任何人逼着，他就会主动去学习、去查找，填补自己的知识漏洞。这就是内驱力的具体表现。很多父母都会问："说起来容易，但我们怎么让孩子激发内驱力啊？"

首先，你先仔细想想，有没有抨击过孩子。有些家长在孩子考试没有考好、成绩不达标的时候，总是说"你怎么那么笨啊""你是不是脑子不开窍"，长时间接受这样评价的孩子，会在潜意识里认为，自己就是笨，就是不开窍，所以才学不好。孩子在无形中养成了遇到问题就不自信的性格。

其次，你有没有陪伴孩子一同去攻克过学习难点。有的孩子需要家长看着才会去做事，这本身就是内驱力不足的表现，可是家长并没有当回事，觉得孩子的学习要靠自己。换言之，当孩子的自律性不够的时候，需要家长用陪伴和监管的方式帮助孩子培养自律性。缺少这一步，孩子怎么可能从天天玩耍过渡到按照计划去学习呢？

最后，孩子向你提出请求的时候，你有没有找借口推托。比如，孩子遇到一个不会的知识难点，想让爸爸妈妈给自己讲解一下，父母一看，这题自己也不会啊，又不愿意承认自己不知道，就推托说："你明天去问老师吧。"第二天，孩子不敢去找老师，只好把难点放在那里，这不就是一个知识漏洞了吗？长此以往，知识漏洞越来越多，他自然就越来越不爱学习。

我们都是从学生时代走过来的，想了解孩子的心理并不是难事，就看父母愿不愿意这么去做。有的父母觉得，学习靠天赋，他脑子不灵光才学不好。但实际上，有些学科的确需要天赋，比如数理化，但大部分还是可以依靠后天努力去攻克的，家长不能给自己的懒惰和逃避找借口。如果自己尚且无法直面困难，那还怎么指望孩子好好学习，天天向上呢？

让兴趣作为最好的老师

孩子对于学习本身是有兴趣和期待的。如果不信的话，你可以看看每个学期开学时孩子的状态，那时候，很多孩子都劲头满满，希望自己在新学期能够好好学习，取得好成绩。那是什么让有的孩子逐渐选择了放弃呢？

学习是一个很漫长的过程，取得成绩的过程很漫长，领悟的过程也很漫长。在这个漫长的过程里，孩子会遇到无数说服自己放弃的理由：题太难了、知识点很难懂、还是偷下懒吧……如果父母不能激发孩子的学习兴趣，那孩子放弃太容易了。

如何激发孩子的学习兴趣呢？这是孩子激活内驱力的关键点。比如，孩子对语文这个学科特别容易放弃，那就找一些纪录片让孩子领略中文的美感，看看外国人是怎么形容博大精深、历史悠久的中文的，让孩子产生自豪感。再比如，孩子对数学这个学科没有半点兴趣，那就和孩子一起在家玩一些数独游戏，在游戏中，培养孩子的心算能力，让孩子领略数学的魅力，并且明白：原来学好数学可以完成这么难的游戏。

其实，每个学科在各个领域中的应用都有孩子感兴趣的部分，就看父母是不是懂得如何激发他的兴趣。

写给父母的一封信

孩子不好好学习，父母不要上来就责备，我们都是从学生时代过来的，能够影响孩子学习成绩的原因太多了：听不懂老师讲课、自己不喜欢这门学科、想看却看不明白、不知道能问谁等。如果只知道责备，只会让孩子更厌恶这门学科，长此以往，他的心里就会对学习本身产生抵触情绪。

⑧ 孩子拒绝交流，你该如何打开局面？

孩子和父母之间的关系本应该是亲密无间的，但如果有一天，孩子拒绝和父母交流，你会不会气急败坏地说："你这孩子又怎么了呢？爸爸妈妈的好言好语你不听，到底想干什么？"

在新闻中，我们常常能够看到这样的家庭悲剧：父母自认为对孩子是百分之百的好，但是孩子对父母的态度非常冷淡，不愿意和父母沟通，甚至拒绝跟父母对话。最终，孩子选择离家出走，再也不回来了。父母老了，开始在媒体上哭诉，想要得到孩子的消息。更严重的，孩子在忍无可忍的情况下选择结束自己的生命。

要知道，孩子拒绝交流，本身就是一个非常危险的信号，父母必须慎重对待，而不是不了解前因后果就横加指责。

放低姿态，你需要先被孩子认可

孩子拒绝沟通这个行为，在很多父母看来，是在挑战父母的威严，往往会让他们特别气愤。人在气愤的时候，就很难做到情绪稳定，更无法心平气和地倾听孩子的诉求。长此以往，孩子的情感得不到正向反馈，就会选择闭嘴。

湖南卫视曾经有一档综艺节目，就是让孩子和自己的父母对话，结果让人很失望。很多父母根本就听不懂孩子的诉求是什么，反过来指责孩子不懂事。最后，面对镜头，孩子只能一脸苦笑，说："你看，我就说他们理解不了吧。"

父母习惯了高高在上，习惯了将孩子当作自己的附属品，他们不知道孩子会有自己的需要和诉求吗？他们知道的，只不过，他们会认为，自己给予的才是最好的，孩子的需求不过是暂时性的。这种姿态导致亲子关系永远不对等，也就无法达成心平气和的对话，孩子还未开口，就已经先被冠上"太贪心""不懂事"的帽子。

如果孩子已经出现了拒绝交流的现象，就说明他曾经至少有过几次想交流但遭到父母拒绝的情况。现在孩子先关闭了沟通渠道，这就需要父母先放低姿态，表达出愿意倾听的姿态。如果孩子仍然拒绝，那就需要家长采取更温和的措施来化解矛盾。

宝贝，对不起，但是我爱你

很多家长都不愿意承认，自己采用的教育方式或多或少都曾经伤害过孩子。人无完人，同样，也没有完美的父母。面对已经造成的伤害，父母可以很诚恳地对孩子说："宝贝，对不起，或许我过去有些行为让你感到难过，但你要相信，爸爸妈妈绝对不是故意要伤害你的，你愿意原谅我们吗？爸爸妈妈是爱你的，无论你是否愿意和我们沟通，都不会减少我们对你的爱。我们会等着你，等你愿意和我们交流的时候，我们再好好聊一聊，好吗？"

这个世界上，没有哪个孩子会无缘无故拒绝和父母沟通，一定是因为曾经被伤害过、被忽视过，才会产生"沟通无用"的想法。如果想要扭转局面，做父母的不妨先向孩子道歉吧，用自己的行动赢回孩子的心。

写给父母的一封信

父母会犯错，这不重要，重要的是，父母要有勇气向孩子承认自己的错误，并且真诚道歉，赢得孩子的谅解。"我错了，但你必须谅解我，因为我是你父亲／母亲"，无论哪个孩子都难以接受这种态度。时间久了，亲子之间已经有了深深的隔阂，那还怎么沟通呢？那还算什么亲子关系呢？

第五篇

生活需要松弛感

1 每个人都只想更好地生活，无论父母还是孩子

生活到底是为了什么呢？有人说是为了追求名和利，找到生而为人的价值；有人说是为了实现自己的理想，不辜负曾经付出的努力；也有人说就是从柴米油盐里找到幸福。人们对生活的憧憬多种多样、多姿多彩，但一定都希望越来越好、越来越轻松，没有人希望自己的生活遍布荆棘。

在亲子关系中，父母也好，孩子也罢，也是如此，想要过更好的生活。父母希望家庭收入越来越高，一家人能够去享受生活，希望孩子的成绩越来越好，能够拥有美好的未来。做孩子的何尝不是这样呢？既然如此，双方就应该彼此成全，而不是彼此制约。

更好的生活，一定是轻松的、有趣的

轻松的生活，听起来很容易，但做起来很难。轻松代表着愉悦、松弛，让人能够不由自主地放下压力和包袱。那就要求家庭氛围是温馨

的、放松的，每个人在家庭里都能真实地做自己，而不是戴上面具，假装自己是个好爸爸、好妈妈、好孩子。即便家庭内部出现了矛盾和问题，也要采用合理、巧妙的方式去化解。

很多人都曾经看过电视剧《我爱我家》《家有儿女》，剧中不管是和长辈一起生活的大家庭，还是简单的小家庭，都会发生各种矛盾，但故事里的父母和孩子都是快乐的、轻松的，解决问题的方式也是平和的。

很多父母会说，陪着孩子玩耍的时候当然轻松且快乐，但教育时怎么可能是轻松的呢？网上流传这样一个视频：一个母亲接孩子放学回家，妈妈问孩子长大后想要做什么，孩子刚开始特别兴奋，说要做科学家、医生、老师。就在这时，街边有一个卖烤红薯的摊贩，孩子看到后灵机一动，说："长大后，我要去卖烤红薯！"妈妈没有露出半点嫌弃，反而说："如果你把红薯烤得又软又甜，也很好啊！"在视频的下方，很多网友评论道："如果我小时候说长大后想要去卖烤红薯，估计我妈真会当街骂我没出息。""这个妈妈心态真好，如果是我妈，肯定说'我看你就像个红薯'！"

教育是严肃的话题，但不代表教育子女的过程只能严肃，也可以是很轻松的。像这个网络视频里的妈妈，像《我爱我家》里的和平妈妈、《家有儿女》里的刘梅妈妈，她们在遇到教育问题的时候，很少板着脸训斥孩子，而是寓教于乐，让孩子通过有趣的、轻松的方式获取知识和道理。

别总是强调付出，要强调享受

除了教育方式要选择轻松的，还有一点值得家长注意，就是别让孩子的内心背负太沉重的包袱。长辈们口中常说"我把你拉扯大，舍不得吃，舍不得喝"，或者不断对孩子说"咱们家不富裕，你可要争气啊"，天天听这种话的孩子无形中就背上了沉重的道德包袱。

在很多景区，我们常能看到这样的亲子相处模式。孩子想要购买纪念品，或想要买点美食，父母就说孩子乱花钱；孩子玩得正开心，父母突然感叹，自己小时候哪有这么好玩的游戏啊，让孩子产生愧疚感；孩子觉得无趣或身体不适，想要回家了，父母又说，钱都花了，怎么能这么就走了呢？父母总是希望孩子能够看到父母的辛苦，记住父母的付出，并因此而感恩、孝顺。然而，物极必反，孩子只会觉得沉重，被压得透不过气来。

该如何打造轻松的生活氛围呢？做到以下几点就可以。

第一，父母和孩子是平等的，是可以分享喜悦的。有些父母特别喜欢在孩子面前维护自己的威信，尤其是父亲，更在意所谓的"一家之主"的尊严，会特别教育子女要尊重父母，做事要循规蹈矩，不能没大没小。这就导致孩子会和父母产生距离，心里产生惧意，时间久了，他们就不愿意向严肃的父母敞开心扉。比如，在小说《红楼梦》里，贾宝玉可以和姐姐妹妹嬉戏打闹，和贾琏、薛蟠等堂表兄弟吃酒猜拳，也可以和贾母撒娇，但唯独见了父亲像老鼠见了猫。

第二，父母不要总是强调养育孩子有多辛苦，而应该强调养育孩子的收获。父母的话对子女影响很大，尤其是经常抱怨的话，孩子会特别在意。父母过分强调自己的辛苦，无形中就给孩子造成了心理压力，特别害怕自己表现不好，会让父母失望。

第三，陪伴子女学习，更应该陪伴他们娱乐。很多父母过分重视学习成绩，孩子学习时，像个监工一样在一旁守着。孩子小的时候，需要父母的帮助才能做到自律，但随着孩子年龄越来越大，父母就应该逐渐放手，更应该把陪伴放在娱乐的时段。每天晚上，一家人可以围坐在一起看看电视，哪怕只是看看新闻、天气预报，也可以聊些轻松的话题，让孩子感受到父母的爱，而不是强势和压迫。

第四，给孩子一个仪式感，让家庭氛围更加温馨。在一些特殊的节日里，尽自己的可能给孩子准备一些小惊喜，装饰一下房间。比如，孩子过生日，买一个小蛋糕，挂上一些串灯，让孩子觉得自己备受重视；在圣诞节时，买个小礼物，放在圣诞袜里，让孩子去找；即便是情人节，父母之间也可以制造一点小浪漫，给孩子讲讲父母之间的爱情故事，让孩子明白，自己是爱的结晶，这个家是因为爱才组建的。

写给父母的一封信

养育孩子是一个严肃的话题，但不能让养育孩子的过程只有严肃，否则，不光孩子感到辛苦和疲倦，就连父母也失去了养育孩子的乐趣。

现如今，很多"90后"父母的带娃方式在网络上爆火，他们把孩子当作玩伴，陪着孩子一起疯玩、一起大笑，就连孩子犯了错误，他们也能用一种轻松搞笑的方式去解决问题，过后再和孩子打成一片。

很多父母都可以尝试用这种心态去面对教育孩子时的突发状况，谁规定了教育子女就只能用很严肃的方式呢？

② 孩子不是父母的一切，父母也不是孩子的一切

父母在成为父母之前，有自己的生活、工作、社交，可一旦做了父母，尤其是做了母亲之后，生活里只有两个字——孩子。一个母亲从知道自己怀孕开始，就要改变自己的生活方式，从吃什么到做什么，都要从孩子的角度出发。孩子出生后，她的作息时间要随着孩子的作息时间进行调整，孩子不睡她也不能睡，孩子睡着了她还要收拾完房间才能睡。在这种生活模式下，孩子已经不再是孩子这个单独的角色，而是生活的重点，是未来的希望，是父母存在的意义。

为什么父母会这么累，孩子也这么累？根源就在于太重视了，这种重视已经超过了它应该有的分量。父母把孩子当作生活里唯一的重心，孩子把父母当作生活里唯一的依靠。

除了是父母，你还是彼此的伴侣、父母的子女、朋友的朋友

一个人在社会上的角色并非单一的，是父母的子女、伴侣的枕边人、职场的打工人，还是别人的朋友、亲戚。然而，很多人只记得自己是某某某的父母，然后是某某某的子女，至于自己的其他社会身份都被忽略了。

你有多久没有过二人世界了？很多小夫妻在二人世界时甜甜蜜蜜，但有了孩子之后，夫妻之间的爱情几乎被亲情代替了，究其原因，就是弄错了关系的排位顺序。两性关系专家曾呼吁，一个健康的家庭，排在首位的一定是夫妻关系，其次才是亲子关系。夫妻关系和谐稳定，整个家庭的氛围都会是温馨的、有爱的，孩子在这样的环境中成长更有利于身心健康，因为他看到的是爱，是包容，是相互扶持。夫妻关系排在亲子关系之后，母亲的心思都放在孩子身上，父亲会觉得受到忽视；如果父亲的心思都放在孩子身上，母亲也会觉得非常失落。短时间内为了应对新生命的降临，这种错位还能够容忍，时间久了，被忽视的一方就变成了家庭的工具人，随之而来的则是伴侣变得脾气暴躁、整日抱怨，孩子看到的就是争吵、抱怨或者冷暴力，何谈身心健康呢？

你有多久没有陪伴自己的父母了？儿童心理学家指出，孩子会不自觉地模仿父母的行为。如果父母是孝顺的人，孩子也会照着做。曾经有过一个感动国人的公益广告：儿媳妇给婆婆打来洗脚水，婆婆看着儿媳妇忙来忙去，就劝她去歇歇吧。儿媳妇说，热水洗脚对身体好。几岁大的孩子看到这幅场景之后，也学着妈妈的样子打来一盆热水，说要给妈妈洗脚。很多人在做了父母之后，自己的父母都很少再陪伴，甚至一两

周才会和父母通一次电话。孩子都会看在眼里，记在心里。

你有多久没有和朋友聚会了？天天围着孩子转，自己的时间被无限挤压，社交范围越来越窄，视野越来越小，只能看到孩子的事情。自己心情不好，需要找人倾诉，都找不到合适的对象；遇到困难，也不知道还能向谁寻求帮助。久而久之，很多朋友便逐渐失了联系。

你有多久没有参加同事之间的聚会了？每到下班，为了接送小孩你总是第一个冲出办公室，最开始的时候同事很理解，但时间久了，他们在聚餐时就会忘记你。如此，你总是游离在职场边缘，还怎么建立自己的人际关系呢？

做了父母之后，并不是只有父母这一个角色和属性。在孩子最需要的特殊阶段（往往是1—3岁）的确可以把更多的精力放在孩子身上，但当孩子逐渐形成自我意识之后，父母就可以开始将精力分散出去，分给其他社会关系，让自己的生活多些乐趣。

根据孩子的意愿，选择合适的相处方式

父母把所有精力都放在孩子身上，孩子会高兴和轻松吗？在影视剧里，我们经常看到这样的场景：一对夫妻忙于工作，几乎天天早出晚归，还经常出差，陪在孩子身边的只有爷爷奶奶或保姆，孩子每年的生日愿望都是："我希望爸爸妈妈多陪陪我。"也有另一种情况：父亲的工作非常稳定，朝九晚五，母亲是全职主妇，所有的精力都放在照顾孩子和丈夫身上。孩子回到家后，母亲时时刻刻看着孩子，父亲也时不时走过来指点一二，孩子有时会不耐烦地呼喊："能不能给我点自

由啊！"

这两个极端案例告诉我们，孩子需要父母的陪伴，但同样需要自己的空间。这中间的度需要父母自己去体会，需要根据自家孩子的年龄、性格、为人处世的特征等多维度去衡量，并没有统一的答案。

孩子年龄比较小，属于情绪敏感期，自然更需要父母的关注。这是建立孩子安全感的最佳时期（往往是0—3岁），他们往往特别依恋父母，会通过和父母的肢体接触、眼神接触感受父母的喜怒哀乐。

孩子年龄稍大，开始接触外面的世界，对父母的心理需求会逐渐降低，他们更愿意接触新的人，尤其是同龄的伙伴。父母的陪伴此时更多的是为了确保孩子的安全，只要周围的环境没有安全隐患，父母完全可以让孩子勇敢地去探索，而不是出于担心就横加阻拦。

孩子上学之后，会逐渐建立起自己的人际关系网，并且开始有自己的小天地。父母不应该再时时刻刻地守在孩子身边，他们渴望拥有自己的时间和空间，但是在关键时刻（如考试、生日、生病等），还是会像小时候那样需要父母的陪伴。

如果孩子的性格比较内向，就代表他们的内心更敏感，父母需要及时给予关注，帮助孩子消除烦恼；如果孩子的性格比较外向，就代表他们的心理承受能力比较好，父母可以稍微给予更多的空间，只要告诉他们规则和底线，而不是放任他们成为熊孩子。

如果孩子比较晚熟，父母需要在平时给予他们为人处世方面的建议，避免他们遇到困难时因为处理不当而受到伤害；如果孩子比较成熟，像个小大人，父母还可以跟他玩游戏，比如假设发生了某件事情，问他该如何处理，以此来激发他的思考。

写给父母的一封信

　　父母和孩子是亲子关系，因为血缘关系而紧紧绑定，但这并不代表双方都只能拥有彼此，而不能有其他社会关系。此外，没有规定，父母和孩子之间的相处方式是统一的、固定的，只要双方都感到舒适和轻松，是可以随时调整和变化的。有的孩子会直接叫父母的名字，这并不代表孩子没规矩，可能是这个家庭为了体现平等而故意这么做的；有的父母把孩子人生的抉择权都交给孩子，这并不代表他们不负责任，可能是因为孩子非常有主见、有能力。那为什么还要约束呢？了解彼此的性格和为人处世的原则，找到合适的相处方式，亲子关系会变得像和好朋友相处一样轻松、有趣。

3 停止内耗，不为尚不可知的未来而焦虑

　　父母总是担心孩子会受到伤害，甚至刚刚看到苗头，就已经想到了最严重的后果，甚至还没看到苗头，就已经想到了要承受的代价。

　　比如，父母带着孩子散步，远远就看到一个人在遛狗，有的父母会对孩子说："前面有一只狗，你大喊大叫的话，狗狗受了惊吓会失控，会有危险。"有的父母会直接带孩子离开，避免孩子与狗有接触。有的

父母会直接叫出声："宝贝，你快过来！前面有狗，你不许过去！"

同样一件事，情绪平稳的人会先叮嘱孩子应该怎么做，需要注意什么，然后平稳过渡；稍微紧张一点的人会直接帮助孩子规避问题，替他做决定，避免危险；更严重的是情绪直接失控的人，先在脑海里上演了一遍最严重的结果，没有帮助孩子解决问题，还因为自己的紧张影响了孩子的判断。

别让自己患上被迫害妄想症

曾经在某网站上，有个母亲的求助引发了热烈的讨论。这个母亲有一个正在上高中的女儿，有一天，女儿说她看见同桌收到另一个班级里的男生递来的情书。母亲特别担心，不停地追问女儿，到底是同桌还是她自己。女儿刚开始发誓说不是自己，但后来被问烦了，就不搭理母亲了。母亲一宿都没睡，担心女儿早恋了，继而担心女儿已经被"欺负"了，又想起很多青春文学里女孩偷尝禁果后怀孕堕胎，高考都没法参加之类的事。第二天一早，她跟踪女儿去学校，一路上，几个男同学和女儿打招呼，她特别担心，发现那几个男生并没有表现出异常，她才松了口气，觉得自己误会孩子了。她还是不放心，便开始偷偷翻女儿的书包，想看看里面有没有情书，偷看女儿的手机，想看看里面有没有什么备忘录。直到被女儿发现，母女俩大吵一架。过了一段时间，母亲发现她冤枉了女儿，便向女儿道歉，女儿嘴上说没关系，但明显和母亲的关系变得疏远了，所以母亲才在网上求助该怎么办。

在教育孩子时，很多父母都显得过分焦虑，就像在网上求助的那个母亲一样。看到孩子上网玩游戏，就想到他会不会因此荒废学业，最后连大学都考不上；听见孩子说自己朋友多，就担心那些朋友会不会教坏自己的孩子；察觉孩子有秘密，就开始担心他是不是早恋了；甚至孩子晚一点回家，都担心是不是碰到了坏人。实际上，这就是精神内耗。

精神内耗是一个心理学名词。遇到一件事，大脑里就会有"好"和"坏"两个小人在打架，一会儿想着事情不会往最坏的方向发展，一会儿又想万一真发生了怎么办。在这种极限拉扯之下，人会严重消耗精神力。更麻烦的是，一旦陷入精神内耗，就容易患上被迫害妄想症，因为大部分时间，都是"坏"小人占据上风。

有的父母说，我内耗也只是发生在自己的大脑里，又不影响别人。实际上，一个长期处于精神内耗的人会表现出情绪不稳定、唠叨、多疑等行为，久而久之，让孩子觉得自己不受尊重，从而导致亲子关系出现矛盾。

如何摆脱精神内耗呢？

想要打破精神内耗其实并不难，但很多父母都不愿意去做。

首先，人之所以会陷入精神内耗，是因为过于紧张和焦虑。还是那句话，孩子在成长的过程中，会形成自己的是非观，他知道什么是对，什么是错。堵不如疏，疏不如引。父母要做的是引导孩子，而不是给孩子下达命令。

其次，转移注意力。很多人认为，能够引起精神内耗的一定是大事，实际上，大多数人的精神内耗都是鸡毛蒜皮的小事。在你发现自己因为小事而内耗的时候，不妨停下来，换个别的事情做。可以听听音乐、看看电影，或者逛个超市，先把自己的情绪稳住。

最后，找到合适的方法化解问题。转移只能暂时停止内耗，并不能真正解决问题，想要解决问题就必须沟通，从根本上化解矛盾。

还是以在网络上求助的那个母亲为例，她应该怎么应对孩子可能早恋的问题呢？我们假设一下。母亲听女儿说同桌收到情书，可以以八卦的口吻询问，那个男生怎么样，同桌是什么态度，等等。通过女儿的反馈，打探她对早恋的态度。再问女儿，班里有没有比较优秀的男生，哪方面比较优秀。通过女儿的描述，了解她对异性的态度。再过几天，可以找一些讲述青少年的影片，一边看一边向女儿传递正确的恋爱观，表示自己理解在青春期对异性产生朦胧的好感，自己也是从那个岁数过来的，以此来拉近和女儿的距离，甚至可以和女儿分享自己青春期的往事。这样做，既不会伤女儿的自尊，女儿也能理解母亲的良苦用心。

精神内耗不止发生在教育子女方面，在生活上、两性关系的处理上、工作上都是如此。想要摆脱精神内耗，就必须先给自己的精神世界做一场"大扫除"。

写给父母的一封信

很多父母总是说，我比较担心，所以才想得多。然而，因为精神内耗而导致心理压力大、情绪不稳，会让人变得精神紧绷、多疑、暴躁，容易打破生活的轻松和平静，让周围的人都卷入精神内耗的旋涡。

所以，放轻松吧，不为尚不可知的未来而焦虑。

④ 降低期待，他的未来他做主

如果你问那些做了父母的人，对孩子未来的职业有什么期待，老师、医生、公务员是最常见的，还有金融精英、IT（信息技术）精英、科学家等。如果你去问他的孩子，得到的一定是不同的答案。相较之下，孩子的期待更切实际，也更符合他的能力范畴。如果不如父母所盼，父母听到后会责备孩子没出息、没有志向，甚至还会说"敢想才能敢做"，想以此来鼓励孩子。

父母和孩子之间的关系再亲近，也不能否认"任何人都是独立的个体"这个事实，父母不可能代替孩子过完他的人生。道理谁都明白，但无法避免父母对子女抱有不切实际的期待。归根结底，是父母将自己的希望投射在了孩子的身上。

过分的期待，只会形成没有必要的压力

现在很多孩子都抱怨自己的学习压力大。在某网络平台上经常能看

到，只有几岁大的孩子一边做作业一边哭，还对正在拍视频的父母哭诉："你不知道我压力有多大！"然而，迎接他的不是父母的安慰，而是指责："你要是平时好好学习，这点难度算什么？""你能有什么压力啊，小小年纪，这点苦都吃不了，还能指望你干什么？"

的确，很多父母都不明白，现在的条件这么好，不愁吃不愁穿，孩子还有那么多娱乐设备和学习方式，压力从何而来？压力来自方方面面，对孩子来说，很多都是他根本无法抗拒的。

父母望子成龙、望女成凤的心情可以理解，但很多举动已经在无形中成为孩子的压力来源。孩子学习成绩好，父母最常说的不是"你真棒，我以你为傲"，而是"别骄傲啊，下次考试要比这次还要好"；孩子获奖了，父母最常说的不是"太棒了，我家孩子就是厉害"，而是假装谦虚地说"就是一个小奖，你别太当真"；孩子体育好，父母最常说的不是"这个爱好非常好，增强体魄"，而是"体育好有什么用，又不能加分"……

似乎孩子取得了阶段性的成果，父母都不会开心，只会让孩子再接再厉，胜不骄，败不馁。这就好比什么呢？孩子是在奔跑的马，父母在后面拿着鞭子不停地抽打，速度慢了要抽打，好奋起直追，速度快了还得抽打，要快马加鞭。

当然，这只是一个比喻，没有几个父母真的舍得抽打孩子，但是那些无休无止的期望，难道就不是抽打在孩子心里的鞭子吗？儿童心理学家指出，每个孩子的心理问题都是父母教育的折射，父母的期待越高，越容易裹挟着对孩子的控制和逼迫，孩子长期处在这样的成长环境中，很容易造成心理残缺。

父母的期待，有可能是言语上的刺激，也有可能是表情暗示。曾经一个刚上大学的女孩在网上发帖说，她感觉自己已经有了轻微的抑郁症，但不愿意告诉父母，想问问网上有没有自测抑郁等级的问卷。网友们很热心，告诉她这种事情不能瞒着父母，必须去医院确诊才行。女孩说，父母对自己抱有很高的期待。她原本学习成绩挺好的，考个一本没问题。高考前，她特别害怕让父母失望，可越怕什么就越来什么，高考成绩出来后，她只能上本省的二本。父母没有在言语上责怪她，但流露出的失望表情定格在她的脑海里，让她觉得特别愧疚。上大学之后，因为新的环境，这种愧疚逐渐被冲淡了。就在这时，父母打电话告诉她，虽然高考没考好，但他们相信女儿的能力，一定能考上研究生，最好是985、211院校的研究生。听完父母的话，她突然觉得压力很大，她怕自己考不上又要看到父母失望的表情，她不想再次面对愧疚带来的压抑感。越怕越紧张，越紧张越消沉，现在她觉得自己好像有些抑郁了，对什么都提不起兴趣。

现如今，青少年的心理问题越来越严重，且人群比例每年都呈现上升趋势，必须引起父母的注意。有时候，一个表情、一个眼神、一句话，足以成为压垮孩子心理防线的最后一根稻草，所以家长必须重视孩子的心理健康问题。

为了孩子的心理健康，做个心大的父母吧

在学校里，经常能够在高三的教室里看到"距离高考还有××天"的标语，以此来激励考生的斗志；然而，曾经有个案例在网上引起了大

众的讨论：一个刚刚 3 岁大的小孩家里，父母为他也设置了倒计时——距离高考还有 5498 天。网友询问这对父母为什么要这么做。他们回答说，孩子刚刚开始接触英语学习，他们要让孩子有紧迫感，别以为 15 年时间特别长，眨眼就到了，还建议网友也这么做。参加过高考的人都知道，当看到教室里那个标语时，心里有多紧张、压力有多大。一个刚刚 3 岁的小孩在这种氛围下成长，他的心理能健康吗？

父母的期待是一回事，因为这份期待而让孩子承受很大的压力是另一回事。很多儿童教育专家都说，孩子学习成绩的好坏并不取决于父母的期待，而取决于孩子的内驱力。顾名思义，是孩子驱动自己去学习，不是家长逼迫着去学习，更不是为了家长的期待去学习。孩子因为内驱力努力学习，会全身心地沉浸其中，并在攻克学习难点后产生极大的满足感，这是被家长逼迫、因为家长期待去学习所无法获得的。

那么，父母应该用什么态度去看待孩子的学业、成长呢？心理学家王国荣说过这样一句话："父母的心越大，孩子的心理就越健康。"这里说的心大并不是不上心、不在意，而是拥有好的心态和稳定的情绪。孩子学习好，未来前景光明，父母高兴，但也不要过度强调孩子必须"有出息""赚大钱"，要给他足够的空间；孩子成绩普普通通，未来前景比较渺茫，父母可以提出自己的建议，也可以听取专业老师的意见，但不要总是说"父母希望你……"；孩子成绩不好，父母就更需要有技巧地鼓励他，而不是流露出"我很失望"的情绪，这样做只会让孩子觉得自己很没用，陷入自我怀疑中。

写给父母的一封信

父母的理解，应该是孩子前行道路上的指路明灯、温暖来源，当他们疲倦了、迷茫了，可以从中得到力量、感受到温暖。

而父母的期待，是孩子前行道路上不断加重的砝码，是他们不敢停下脚步的恐惧，即便他们精疲力尽，也不敢回家寻求帮助。

作为父母，如果你真的爱孩子，会选择哪一种呢？

5 多鼓励，用父母的手托起孩子

几乎所有的父母都知道，教育孩子要多鼓励他、称赞他，这样可以帮助他建立自信，有勇气迎接更多的挑战。那么，你是怎么鼓励孩子、称赞孩子的呢？

有的父母说，只要他取得一点进步，我就表扬他："孩子，你真棒，进步这么大，再接再厉。"或者得了奖，不管是什么方面的、什么级别的，都会带着他吃顿好的，用行动肯定他。

然而，这种说法和做法不一定会得到想要的结果，甚至可能把孩子惯成熊孩子，因为你根本就不了解鼓励和称赞的精髓。

鼓励，是在孩子遭遇挫折时，帮他总结经验教训

在成长过程中，孩子一定会遇到各种各样的困难，要迎接各种各样的挑战，他需要父母的鼓励。但这里所说的鼓励绝不是流于表面的语言功夫，而是要站在孩子的角度，帮助他找到问题所在和解决方法。

举个简单的例子：很多家长总是喜欢将孩子的成长比作一场跑步比赛，并且竭尽全力不想让孩子输在起跑线上，那么家长最该做的事情是什么呢？是激发孩子的内驱力和爆发力，鼓励孩子坚持下去，并且在关键时刻充当领跑者的角色，而不是站在一旁当个加油助威者。

之前在网上看到过这样一则趣事。孩子考试之后垂头丧气地回家，爸爸看到后猜到了孩子考试肯定没考好。他也很想辅导孩子的功课，但自己只是一名跑运输的司机，没什么文化。这位爸爸很聪明，他想起来孩子小时候特别喜欢玩上课游戏，家里至今还留着当年上课游戏的白板。爸爸妈妈特意做一遍那套试卷，果然，分数比孩子还差劲。于是，夫妻俩顺理成章地邀请孩子给自己当老师，给自己讲讲试卷里的错题。孩子立刻来了兴趣，把白板搬了过来，拿起黑色水笔在白板上讲解每一道题的知识点……

其实，爸爸妈妈根本就听不懂那些知识点，只是配合着说"对对对""这里没听懂"。孩子很投入，刚开始是带着炫耀的心给父母上课，讲着讲着，他开始强化自己的知识点，然后比对自己的试卷找出解题思路。等到孩子讲完之后，爸爸说："你真厉害，就我这种水平的学生都能听得懂你讲的课，估计这次分数不高是你考试的时候没发挥好。"妈妈也跟着说："以后你多给我们讲讲课，听着觉得还挺有意

思。"

父母配合着演了一出"求知若渴"的戏码，在给爸爸妈妈上课的过程中，孩子重复梳理了自己的知识点，哪些知识点掌握得好，哪些知识点相对薄弱。最后，父母用"下次继续"的方式激励孩子，让孩子对学习本身产生了动力，即内驱力。

很多人以为的鼓励是在孩子失败时，不批评他，不给他施加压力，然后告诉他继续努力，实际上，这是不够的。孩子不想取得好成绩吗？不想成功吗？当然想，但他不知道什么方法才是正确的，父母需要帮助他总结经验教训，找到问题根源。故事中那对父母知识水平有限，采用了激发内驱力的方式，如果父母知识水平高，可以通过一同学习、取长补短的方式鼓励孩子，帮助他成长。

激励，是在孩子取得成绩时，帮他归纳成功因素

如果孩子取得了某一个阶段的胜利，父母会怎么做呢？绝大部分家长都知道要表扬孩子、激励孩子，只不过有些家长选择物质奖励，有些家长选择口头奖励。提供物质奖励，的确能在短时间内激发孩子的内驱力，但时间久了，孩子会形成习惯，一旦物质奖励无法再满足，孩子心中提着的那股子劲儿就会消失。口头表扬所能激发的孩子的内驱力有限，孩子小的时候效果好一些，大了就不会再满足于口头奖励了。真正的激励是什么？不是物质奖励，也不是口头上说两句"孩子你真棒"，而是要让孩子有真正的收获。

对于孩子而言，当他获得成功后，由父母引导着对所取得的成绩进

行归纳总结，这份成功的喜悦是翻倍的，既有父母的认可，也有对未来的铺陈，这一次胜利的喜悦将延长很长一段时间。当然，如果家庭条件允许，也可以适当地给予物质奖励，并且要让孩子自己挑选，而不是由家长指定。

媒体曾经报道过某省的高考理科状元的学习窍门。他说，整个高三，每一次月考、模拟考试，父母都陪着他梳理知识点、难点、薄弱点，然后他再做一次类似的考题，如果都做对了，父母就陪他去娱乐一个晚上，可以去KTV（配有卡拉OK和电视设备的包间），可以去看电影，可以去逛街，晚上十二点一过，重新回到高考考生的作息状态。

刚开始，他还觉得不就是唱个歌、看场电影嘛，但是经过几次之后，他突然发现，自己已经开始期待了，尤其是有了想看的新电影，想要学好、考好的愿望就特别强烈。同学们都在克制去娱乐的欲望，即便碰到很想看的电影，他们的父母说的都是"等高考结束后，你想看什么就看什么"。这么一对比，他突然就明白了父母是在用这种方式激励自己、奖励自己。

这对父母的聪明之处在于，他们的奖励并不是依靠考试成绩来决定的，而是让孩子重新梳理考点，并针对自己的薄弱地方进行测试，如果做对了就获得一个晚上的娱乐时间，如果没有攻克薄弱点就不能去娱乐。如果只以成绩论成败，孩子很容易反感，会找出各种借口来证明自己不是不会，而是没有发挥好；如果以攻克知识点当奖励条件，孩子更容易接受，并理解父母是真的为了自己好。试想一下，带着攻克知识难点带来的成就感去享受一个晚上的娱乐时间，是不是快乐加倍？

值得注意的是，如果父母同意给予孩子某种奖励，无论是陪着孩子去游乐场游玩，还是给孩子购买最新款的游戏机，都不要食言。儿童心理学家指出，几乎所有孩子抵触父母，都是从父母食言开始的。

写给父母的一封信

孩子无论是取得成功，还是遇到挫折，父母的态度都是他们的坚强后盾。舍弃那些停留在表面上的虚假赞美，让鼓励和激励落到实处，让孩子真正感受到爱的力量，获得有效的帮助吧。

第六篇

你有没有被无形控制？

1 不要过分在意他人的评价

不知道你们是否思考过这样一个问题：什么样的人最容易被他人影响？答案是太过于在意他人评价的人。网络上最近流行这样一种言论：只要我没有道德，道德就绑架不了我。这句话有些言过其实，但换种说法就绝对成立：只要我不在意他人的评价，就没有人能约束我。

他人的评价，最终会变成自己的枷锁

人活在世上，就难免会被他人评价，有来自父母的、伴侣的、朋友的、同事的，甚至走在大街上，还会因为外貌而被陌生人评价："你看他那么胖，还穿紧身衣啊！""这个男人个子真高，猛一看我还以为是电线杆子呢。"……有多少心理承受能力较差的人会因为承受不住别人的评价变成了所谓的"死宅""社恐"？有多少人会因为外貌而感到自卑，甚至为了变成别人口中的"帅哥""美女"而伤害自己的身体，过度减肥或去医疗机构整容？有多少人为了成为别人口中的"好人"活得十分辛苦？有多少人为了别人的期待，放弃了自己的初衷？永远活在他人的评价当中,就很难看清自己的内在需求。

最近几年,每逢过节,网上都会掀起"如何应对亲戚的八卦和恶意的评价"这一话题,内容无外乎都是"什么时候结婚""什么时候生孩子""月薪是多少""什么时候让父母享清福",试图打着关心的旗号八卦、窥探他人的隐私。网友们看到这些问题,都会回复四个字:"关你屁事。"但是在生活中,能够坦然说出这四个字的人寥寥无几。究竟是什么绑架了我们,让我们那么在意别人的评价呢?

第一,人情社会造就人情关系,人情关系造就评论体系。每个人都有一颗八卦之心,喜欢用自己的思维模式去评价他人,比如"他真有出息,这么年轻就在城里买了房""他太不像话了,三十好几了就是不结婚,他爹妈都愁坏了""他家的孩子今年又没考上大学,都这样了还学什么劲啊"……如果你非常在意他人的评价,这些话术就会成为你的心理包袱,比如"为什么我就这么没出息""为什么我就找不到另一半""为什么我的孩子学习成绩这么差"……最终导致的结果是什么呢?你只想活在别人的评价里,看不清真实的自己。

第二,为了满足自己可怜的虚荣心和自尊心。不知何时,攀比之风盛行,送礼的时候必须送贵重的礼品,否则就拿不出手,至于账单是否能还清、是否很辛苦,只有自己知道。然而,有些人明明知道攀比是不正确的,却忍不住想在众人面前炫耀,"过去的我你爱搭不理,现在的我你高攀不起",这种反差让很多人获得了短暂的心理满足,但此后又是巨大的空虚。

第三,缺乏自我认知,只好在他人的评价里寻找自己的价值。很多人穷其一生都不知道自己究竟是什么样的人,别人说他是一个老实的人，他就认为自己是老实的。别人说他是一个大方的人，他就假装自己是大方的。别人说他是一个孝顺的人，他就把自己的一切都奉献给父母。如果让他自我评价，他除了复述别人的评价，竟然不知道还能说什么。他的人生、他的价值、他的情感归宿，都已经打上了别人的烙印。

除此之外，还有一些其他因素，但归根结底，都是因为内心不够坚定，容易被他人的言论所左右。小时候，在意父母、老师的评价；长大后，在意领导、同事的评价；结婚后，在意伴侣、家人的评价……在意了如此之多的评价，却忽略了最重要的自我评价。

强大内心，让自己两耳不闻纷杂事

什么样的人能够彻底摆脱别人的评价所带来的负面影响呢？有人说，脸皮厚的人，不管别人怎么说就是"混不吝"；有人说，精英人士，人家那么成功又怎么会在意别人的评价呢？无论是性格使然，还是物质条件得到满足，真正能够不在意他人的评价，皆是因为自我意志坚定、目标明确、内心强大、心态平和。

自我意志坚定，说明自我认知清晰明确，不容易被他人的评价所左右。你需要先清楚地知道自己是什么人、有什么能力、擅长什么，而不要从别人的评价里找到自我认同的价值。目标明确，说明他们的"三观"正，别人的评价不会影响他们的决定，更不会因此而改变什么。内心强大、心态平和，说明他们活得通透，自信，情绪稳定。难道他们身边的人不会评价他们吗？当然会，甚至面对的争议更多、言语更激烈，但他们并不会因此而受到影响。

在网络平台上，一位老师在网上记录了一位很特殊的学生：有一天，老师发现班级里一个走读生穿着单衣就往外面走。老师出于关心，赶紧叫住男孩，问他怎么不穿羽绒服，男孩说："老师，没事，我不冷。"老师急了："怎么能不冷呢？这是东北，外面怎么也得有零下二十摄氏度，光穿单衣会冻坏的。"男孩说自己习惯了，骑自行车一个多小时回家，骑着骑着就不冷了。"后来，老师了解到，男孩的父母因病过世，他和奶奶相依为命，是学校里品学兼优的特困生。老师很心疼男孩，给男孩织了一条厚厚的围巾，又从家里找来一件军大衣，拿给男孩。

视频爆火之后，很多网友都希望老师能够提供男孩的信息，想要给男孩捐款。老师说，先不接受捐款，如果各位网友有厚一点的冬装，可以寄到学校。紧接着，网友给男孩购置了羽绒服、厚棉衣、冬天的旅游鞋。男孩正处在敏感的青春期，老师把东西交给他的时候，内心也是有一点忐忑的，但男孩子反而很坦然，说非常感谢热心的网友，语气不卑不亢。老师对他说："网友帮助你，不是为了从你这里要到什么回报，你好好学习，长大后有能力了，再把这份善意传递出去。"

在学校里，正处于青春期的男孩会不会因为贫穷而自卑，会不会因为家庭特殊而被同学投来同情的目光，会不会因为看到同学的生活条件比自己好而产生巨大的心理落差？当然会，但这个刚刚上高中的男孩并不在意他人的评价，他能接受同学的同情和善意，绝对不会像文学作品里写的那样："我最受不了别人用同情的目光看着我！"这样的人才是真正内心强大。

老师将男孩的故事发到网上，并且接受了网友的物品，会不会有人说他沽名钓誉，会不会有人质疑事情的真实性？当然会，但这位老师始终认为，人在做，天在看，问心无愧就对得起自己。这样的人也是真正内心强大。

写给你的话

自己内心强大，即便身边的人都贬低你、污蔑你，你只需一笑而过，因为那些人的话并不足以影响你；内心虚弱，即便身边的人都称赞你、认同你，你的心里能够拥有短暂的满足感，过后内心只会产生更大的空虚感。

对于旁人的评价，无论是好是坏，都不需要太往心里去，更不要为了获得别人的好评而委屈自己。理性的自我认同将带领你乘风破浪。

2　再亲密的关系，也需要留有边界感

开启了一段亲密关系之后，有的人会表现出强烈的占有欲和控制欲，最典型的行为是要求伴侣删除手机通讯录上的所有异性朋友，即便是同性之间的沟通，他也会监视。如果伴侣提出反对意见，他就以"我也是在乎你"为由，越来越过分。

试探，一步步开启潘多拉魔盒

电视剧《不要和陌生人说话》是很多人的"童年阴影"，男主角在外面温文尔雅，回到家里却变身暴力男，只要他认为妻子有不轨行为，就会对她拳脚相加，他的恐怖在于强烈的控制欲人格，暴力只是控制欲得不到满足时的疯狂举动。

任何一个控制欲强的伴侣都不是第一天就展现出这种特质的，而是通过一步步地试探达成自己的控制欲，就像温水煮青蛙一样，伴侣被他的言行所迷惑，到最后会因为情感投入过多而无法逃离。

那么，在成为被控制的受害者之前，我们应该如何判断对方是不是控制欲过强的人呢？

第一步，两个人在一起之后，会有一段磨合期，各自提出一些自己的喜好和忌讳是很正常的事情。比如，男方说自己对海鲜过敏，希望女方能够迁就自己；女方说自己不喜欢别人迟到，请男方在约会的时候有时间观念，如果路上堵车一定要告诉她，不要让她傻乎乎地等着……这些要求都是正常的，是可以通过沟通互相迁就的。但有一些要求就是超越界限的。比如，男方说："我不喜欢你穿裙子，感觉很轻浮，以后你别再穿裙子了，最好把之前的裙子都扔了。"女方说："我希望我的伴侣能够随叫随到，在我有需要的时候，得放下手里的事情过来帮我。"这种要求的特点是他人必须服从自己的安排。

第二步，如果你惹我不高兴，我就要惩罚你、报复你。两个人在一起，一定会发生摩擦和矛盾，也会经历一番情感拉扯，但正常的情侣不会轻易说"我要惩罚你、报复你"。比如，女孩说过自己不喜欢对方迟到，如果遇到堵车就发个消息告知一下。男孩一直是比较有时间观念的。但有一次因为堵车而迟到，又没有发消息告知女孩，女孩很生气，男孩哄了又哄，女孩看着他说"下不为例"，这是情侣正常的交往模式。如果女孩不依不饶，最后非要惩罚男生当众承认错误，或者下次直接玩失踪，目的是惩罚男孩，让他也体会一下不被重视的感受，这就是不正常的行为。

第三步，进一步压缩容错率，加重惩罚的力度。上一步，如果对方妥协了、同意了，那么他就快速缩小容错的空间。比如，男孩好不容易哄好了女孩，女孩说："为避免你下次迟到，以后你出门的时候就给我发个微信，告诉我你出门了，换乘的时候再给我发个微信，快到的时候再告诉我一下。"男孩肯定说:"这么麻烦啊,我出门时和你说一下,你估算好时间出门就差不多了啊。"女孩会说:"你出门的时候怎么知道堵不堵车,这么做就是为了避免突然堵车啊,你不爱我了吗?"如果男孩在某个要求的节点忘记告知对方,女孩立刻开始盘问,直到男孩承认错误,久而久之,女孩对男孩的行踪了如指掌,目的就达到了。

第四步,故意找碴儿,看你是否还知道反抗。控制欲是没有尽头的,即便前面的所有试探你都妥协了,以为两个人可以好好地相爱,但对方认为的相爱模式是必须无条件服从他,并且为了试探你是否真的服从他,还会不断地故意找碴儿,你还能同意吗?

对待越界的人和事,勇敢地说不

当对方的行为已经开始让你觉得不舒服,就要勇敢地说出来,而不要因为害怕对方生气而保持沉默。有些人的性格比较平和,小事情不怎么放在心上,也不愿意因此而和别人发生争执。如果对方是无意而为之的,忍让一下只是为了感情可以良性地发展。如果对方是在试探你,忍让只会被他看作软弱可欺。

该如何表达自己的底线和原则,该如何表明自己并非橡皮泥一般好拿捏呢?

第一种方法,以其人之道还治其人之身。如果对方只停留在"我不喜欢这样,我喜欢那样"的阶段,你也大可借用他的方法,告诉他自己喜欢什么,不喜欢什么。这种方法能够快速判断对方是不是"双标"。如果对方是,那就趁着感情不深,赶紧跑。切记不要想着能够用爱来感化控制欲爆棚的人，要知道，父母对子女那么深刻的爱，都改变不了控制的行为，更何况是情侣。

第二种方法，说出底线，在底线范围内，尽力磨合。很多伴侣会打着"为你好"的旗号干涉你的工作和生活，如果你和对方很相爱、很合拍，那么就明确地说出底线，在可控的范围内享受美好的恋爱。比如，你的底线是必须工作，坚决不会为了任何原因做家庭主妇，如果对方表示自己能够理解，那么这段感情便可以继续；如果对方表示婚后有了孩子，希望女方能够回归家庭，那你就知道该怎么取舍了。

第三种方法，暂时逃离一段时间，给自己思考的空间。毫无边界感的伴侣给人造成的不适，最初不会成为常态，而是像蚊蝇一样，偶尔能看到、听到，但如果你不注意，它就隐没在环境当中。很多人在最初总是想"可能是我想错了，他不是这个意思""是不是误会他了，再给他一次机会吧""走到一起不容易，这些都是小事，忍忍吧"，想着想着，忍着忍着，就变成了"忍者神龟"，被别人的控制欲牢牢绑住。最好的办法是先逃离被控制的环境，独自去思考，重新建立起属于自己的边界。这时候，你会豁然开朗，之前的很多不舍得就变成了舍得。

第四种思路，从父母的视角看待伴侣。在一段糟糕的两性关系里，即便身边的亲朋好友都劝她赶紧离开，她仍然会说："其实他平时对我挺好的……"如果你也陷入"平时他对我挺好"的陷阱中无法自拔，不妨从父母的视角去思考问题。假设你有一个女儿，她的男朋友或丈夫这样对她，你作为父母能不能容忍？

写给你的话

所有人对待外部环境和旁人都有边界感,包括对父母、对伴侣、对朋友、对同事,只不过边界感的亲密度不同罢了。这就好比北京的环形道路:"一环"是紫禁城,是最重要、最核心的部分,这里只有自己能够进入,是自我人格最重要的组成部分;"二环"是父母和伴侣能够进入的地带,我可以和他们一起畅谈紫禁城,但没有我的允许,他们不能贸然闯入;"三环"是亲朋好友的地带,我可以和他们在这里吃喝玩乐,互帮互助;"四环"是同事、熟人的地带;"五环"是一面之缘的人、邻居,甚至是陌生人的地带。这些环线并不是相互堵死的,是可以变通的,但变通的前提是"我愿意让你进入,而不是你强行闯进来"。

3 即便辜负别人的期待,也无须太过愧疚

除了父母的控制欲,还有朋友的控制欲——利用期待将你牢牢捆绑。很多人会觉得奇怪,朋友对我的期待也能算是一种隐形的控制吗?这是大众很容易忽视的控制,因为朋友之间的期待都是比较琐碎的事情,极其容易被忽略掉,但要记住:凡是违背自己意愿却不得已而为之的要求,都是一种控制,只不过有的控制是直接的,有的是间接的。

我不愿意，请不要勉强我

朋友之间的控制往往是什么样的呢？

对于男性来说，朋友打电话约你出去喝酒，你说最近太忙了，忙得脚不沾地，实在没时间。真正的朋友会关心你最近都忙些什么、身体是否吃得消，然后会叮嘱你要注意身体，工作是做不完的。但也有的人会用话术来操控你必须出门，他会说"都好几个礼拜没见人了，你今天必须得来，要不以后这兄弟就没得做了""今天我有个事想和你说，得当面说，你给不给我个面子"。看似是朋友的期待，希望你能去陪他喝酒，但本质上是在强迫你做不愿意做的事情。

对于女性来说，朋友说喜欢你的某件衣服，希望你能送给她，但这件衣服是自己的姐姐特意买来送给自己的，自己也很喜欢，不能送。真正的朋友不会提出这种诉求，提出这种诉求的人甚至已经在心里想象出自己要穿这件衣服去什么场合、见什么人了，本质上仍然是需要你割爱。

有些人生性比较软弱，或者属于讨好型人格，害怕拒绝朋友的诉求会被朋友吐槽小气、矫情，只好被迫同意。然而，人的欲望是无穷无尽的，今天你满足了他的期待，没过几天，他又会出现另一种期待，难道你要源源不断地满足对方吗？

这时候，你最应该做的是告诉他"对不起，我不愿意"，没有任何理由，我不愿意就是理由。无论是别人的期待还是别人的控制，愿意与否才是我决定做与不做的前提条件。我愿意做，是因为我出于本心想这样做，而不是为了满足谁的期待；同样的道理，我不愿意这样做，是因为我本心告诉我不行，别人说了再多的期待，不行就是不行。

在拒绝的时候，不要总是试图找一些对方能接受的理由，以此来维持双方的交情。要知道，真正在乎你的人并不会因为你的拒绝而否定你。

真正的朋友，期待彼此获得幸福，而不是期待朋友带给自己好处

在快节奏的生活中，很多情分都已经变得碎片化、快餐化。在过去，友情是一种非常珍贵的、纯粹的情感，而现在，有些友情需要靠双方相互妥协来维系。在这种情况下，我们如果想要拒绝莫名其妙的期待，应该先清理自己的朋友圈，重新给朋友下定义。

真正的朋友，是期待彼此都获得幸福，如果你有了困难，对方能够义无反顾地出现在你身边，安抚你、照顾你，陪着你振作起来。这样的朋友，才值得我们真正投入情感。

虚假的朋友，是期待通过你获得好处，这里所说的好处包括物质上的满足，也包括利用你的人脉关系获得其他方面的满足。最典型的情况就是，"看你最近混得不错，有没有什么发财之路，带着兄弟一起啊""姐妹，听说你最近交往了一个条件很好的男朋友，你男朋友有没有好兄弟，介绍一下"。

很多人会说，我知道该拒绝对方，但每次拒绝对方之后，我心里就会不由自主地产生内疚感，毕竟大家都是朋友，我明明可以帮忙却不帮，他们怎么看我啊，以后还怎么相处啊？其实，对方就是抓住了你的这种心理，才会一次又一次越过界限，提出一些超出你个人能力的

要求。

我们换一种思路，在前文中我们始终都在讲述父母的控制欲，比较常见的一种方式就是利用孩子的愧疚感，"我一把屎一把尿地把你拉扯大，现在你翅膀硬了，就不听我的话了""妈妈吃了这么多苦，还不都是为了你好"。怎么样，和朋友要求你、提出期许的时候是不是一个套路？先提出期待，再强调自己不容易，紧接着提出两个人的关系有多坚固，如果你不答应要如何如何。如果对方的期待是合理的，自己也愿意，那就可以去做。如果对方的期待是超出界限的，并且自己不愿意，拒绝他为什么要愧疚呢？对方不过是在用愧疚感做筹码罢了。

写给你的话

朋友的情感是十分珍贵且纯粹的，我们都应该珍惜，但不代表我们一定要无条件地满足朋友的任何诉求和期许。

对于那些抱有不切实际的期许的朋友，该拒绝就要拒绝，否则当期许变成怨恨，朋友则变成陌路人。

4 不要惧怕道德大棒，就不会被道德绑架

你是否遇到过这样的场景，有些没有边界感的同事要求你帮助他做一些事情，或者在公共场合被路人寻求帮助，只要你稍微露出不愿意的神情，对方就会用道德来绑架你。比如，你在办公室里吃零食，一个其他部门的同事走进来办事情，说想尝尝你的零食，吃过之后他觉得好吃，问你能不能都给他，你会不会因为不知道该怎么拒绝只好同意呢？或者在公交车上，你自己也很不舒服，上来一个六七十岁的大爷或大妈，他找到你请你让出座位，你会不会因为磨不开面子而站起来呢？

这些行为看似很小，但如果你不同意，等待你的是什么大家都心知肚明。被拒绝的同事会说："你怎么这么小气啊，就要你点零食都不给。"大爷或大妈听到你说自己也很不舒服时，会说："不让座就算了，还假装自己也不舒服，不舒服就在家躺着呗。"

如果是你，你该怎么做呢？我的答案是，该吃吃该喝喝，不中听的话全当耳旁风。

道德和素质是用来约束自己的，只要自己问心无愧即可

在某个网站上曾经有这样一则帖子：同事怀孕了，她家离我家很近，我送过她一两次，她现在每天下班都等我送她，我该怎么办？底下网友的评论五花八门，但原则都是一个：该拒绝就拒绝，避免以后惹麻烦。

类似的情况还有很多，比如"邻居的孩子总是到饭点就来敲我家的门""邻居总是来我家借东西，米面粮油之类的，根本不知道收敛""每天带饭，同事吃了觉得好吃，要求我每天也给他带一份"等等。很多人都担心，这类人往往低头不见抬头见，很难直接拒绝。

和朋友不同的是，这类人提出要求的时候往往带着"道德大棒"。比如：同事之间就是要你帮帮我，我帮帮你，如果你不帮助我，小心以后你也有求人的时候；都是街里街坊的，你拒绝我，小心我给你宣传出去；甚至还有路人要求你发扬优良传统，尊老爱幼，强制你做出牺牲。

什么叫道德？它是人们共同生活及其行为的准则和规范。个人和社会之间的关系，主体人是谁？是个人。道德和素质在约束自己的时候，是最好的自律，在约束他人的时候，是伪善。中国自古就有"严以律己，宽以待人""静以修身，俭以养德"的老话，而不会说"宽以待己，严以律人"。在面对别人的请求、诉求时，无论做什么选择都是可以的，是可以根据自己的情况来决定的，只要做过之后不会后悔、问心无愧即可。

不要沉浸在虚假的自我感动中

可能很多人会觉得奇怪，为什么我们明明知道那是道德绑架，却拒绝不了呢？因为你需要通过帮助他人来获得成就感和满足感，找到自己存在的价值。如果这种价值建立在自己主动去做的基础上，就会形成社会中的正能量，我们经常在新闻、视频网站上看到这类的报道。但如果这份价值建立在牺牲自己某些利益的基础上，那就得在心里找到一个能够说服自己的理由，让自己从不愿意变成愿意。

举个简单的例子，同事说自己的项目特别着急，他自己处理不完，希望你能在周末的时候和他一起处理一下。原本你不想答应，但转念一想，同事做项目也是为了公司利益，如果不答应公司利益会受到损害。周末的时候，你在公司加班，和他一起完成了项目。回家时，你会想：可算是完成了，这样挺好，项目可以正常推进，这两天过得很有意义。

写给你的话

道德也好，素质也好，在约束自己的时候是最好的自律标准，一旦被套在别人身上，无疑就是沉重的枷锁。我们不能做被他人道德和素质绑架的可怜人，也不能利用道德去绑架他人。

5 生而为人，以己为重

网络上有这样一句话："我也是第一次做人，为什么一定要让着你呢？"相信很多人都感同身受，明明都是一样的人，谁也不比谁高贵，为什么总有人试图用各种手段去控制对方呢？大家相互尊重，和平相处不好吗？

实际上，人性之中本身就存在"渴望得到别人认同""寻找自我存在的价值"等多方面的心理需求，对方正是利用这一点来控制你。

每个人都应该先爱自己

在两性关系中，很多专家都提出："你必须先爱自己，才能学会如何去爱别人。始终把别人的感受放在首位，最终只会失去自己。"其实，在任何关系当中，我们要做的都是先爱自己、先满足自己、先取悦自己。

一个能够爱自己的人，一定是自我意识完整的人，他会非常清楚地看到自己身上的闪光点，也能看到自己的不足和缺点，并且尽最大努力去完善自己。很多人可能会误解，认为那些先爱自己的人都是自私的，其实这句话的正确表述是：只爱自己的人是自私的。不要错误地混淆先爱自己和只爱自己的区别。

爱自己的人可以在满足自己爱的需求的同时，将善意、同理心和爱传递出去，无论是对人还是对待地球上其他的生灵，都是爱的传播和辐射。但只爱自己的人已停止传播爱意，甚至对亲密关系的认同感极低，这是本质上的区别。

爱自己是一种能力，需要人不断在生活中学习方法。可以这样说，人在成长过程中都不是一帆风顺的，需要经历一波又一波的打击：学生非常努力地学习，最终考试成绩却不尽如人意；工作后明明很努力想把工作做好，最终也不过是个平凡的打工人；想要维系一段好的友情，最终却因为空间和时间的原因形同陌路；明明只是想好好爱一个人，最终却真情抵不过时间……

在经历如此多的打击之后，我们仍然要心怀爱意地看待自己、看待整个世界。

不为别人而活，才是人生最美的注脚

我们究竟是为了什么而存在？是为了父母的殷殷嘱托、亲朋好友的期许、爱人的需要，还是路人那句"谢谢你""你真是个好人"？我们存在的意义，是我们如何看待自己。它和金钱无关，和事业成功与否无关，真正有关的只有自己眼中的"我"。

很多人总是活在别人的评价里，别人夸你好，你就是个好人，别人说不好，你就是个坏人。首先，人生本无意义。我们为了感受生命的伟大而来，为了感受死亡的消解而去。在这一生里，我们为了爱而奋不顾身过，为了恨而痛苦悔恨过，每一滴汗水和每一件往事都是生命最美好的注脚。

其实，人生的意义是不能被定义的，至少是不能被他人定义的。或许在人生即将走到终点的时候，我们才会努力回顾这辈子的点点滴滴，给自己一个相对客观又全面的评价。除此之外，我们都在努力奔跑，朝向未知的人生大步向前。

写给你的话

活着，本身就会受到条条框框的约束，我们无须再为这些约束增加其他的砝码。我们是为了感受生命而活的，是为了实现自己的目标而努力的。至于其他人眼中的自己究竟是好还是坏，是平庸还是糟糕，都不能影响到我们。这才是生而为人的真正含义。